KB141679

# 아는 척! 하기 딱 좋은
# 공연 이야기

# 아는 척! 하기 딱 좋은
# 공연 이야기

**초판 1쇄 발행** ❘ 2021년 6월 21일
**초판 2쇄 발행** ❘ 2021년 12월 27일

**지은이** ❘ 정성진
**삽화** ❘ 정지현
**펴낸이** ❘ 이기동
**편집주간** ❘ 권기숙
**편집기획** ❘ 이민영 임미숙
**마케팅** ❘ 유민호 이정호
**주소** ❘ 서울특별시 성동구 아차산로 7길 15-1 효정빌딩 4층
**이메일** ❘ previewbooks@naver.com
**블로그** ❘ http://blog.naver.com/previewbooks

**전화** ❘ 02)3409-4210
**팩스** ❘ 02)463-8554
**등록번호** ❘ 제206-93-29887호

**교열** ❘ 이민정
**편집디자인** ❘ 디자인86

**인쇄** ❘ 상지사 P&B

**ISBN** 978-89-97201-56-3  13680

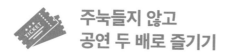

주눅들지 않고
공연 두 배로 즐기기

# 아는 척! 하기 딱 좋은
# 공연 이야기

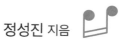

정성진 지음

도서
출판 프리뷰

# 글 싣는 순서

## 왜 아이들은 신발을 벗었을까?

아이가 뮤지컬 '구름빵'을 보고 싶어 해서, 아이 친구들과 함께 보러 갔다. 유치원 친구들과 가족들이 같이 관람하려고 하니 티켓 가격이 만만치 않았다. 단체 관람 할인과 평일 낮 공연 관람 할인, 그리고 포털 사이트 최저가 등을 비교해서 제일 싼 가격으로 티켓을 사려고 했지만 생각보다 할인 혜택이 크지 않았다. 고민 끝에 SK텔레콤에서 T멤버십 회원에게 제공하는 '만원의 행복' 혜택을 이용했는데, 1매당 만원에다 예매 수수료도 무료였다. 멋진 아빠로 등극한 순간이었다.

TV에서 보던 '구름빵'을 큰 공연장에서 보니 아이들은 무척

신났던 모양이다. 공연장에 도착할 때까지 차 안에서 '구름빵' 이야기로 꽃을 피우며 들떠 있었다. 공연장에 도착하자 아이들은 너나 할 것 없이 '와!' 하면서 공연장 로비의 포토 존으로 달려갔다. 내가 매표소에서 티켓을 받는 동안 아이는 친구들과 기념사진을 찍고 있었다. 그런데 티켓을 제시하고 공연장 내부로 들어서는 순간 황당한 광경이 벌어졌다. 공연장은 객석 안에 붉은 카펫이 깔려 있었는데, 아이들이 신발을 벗어서 손에 들고 깔깔거리며 걸어갔기 때문이다. 객석 안내원인 어셔도 당황했고, 우리 어른들은 정말로 깜짝 놀랐다.

이유는 간단했다. 어린이집에 다닐 때 백화점 문화센터에서 공연을 보러 다닌 습관 때문이었다. 백화점 문화센터 소극장은 일반 공연장과 다르다. 보통 문을 열고 들어갈 때 신발을 벗고 들어가서 선착순으로 앉고 싶은 자리에 앉는 방식이다. 일반 공연장은 좌석번호가 지정되어 있지만, 문화센터 소극장의 경우는 비非 지정석이기 때문이다. 선착순으로 원하는 자리에 앉는 방식이다. 거기에 익숙한 아이들은 당연히 빨리 들어가기 위해 달려갔고, 신발을 벗고 들어갔던 것이다.

아이들에게는 공연장도 즐거운 놀이터일 뿐이지만, 어른들은 격식을 차려야 하는 공간으로 알고 있기에 당황스러운 것이다.

1980년대 해외여행이 자유화되면서 비행기에서도 비슷한 일이 벌어졌다고 한다. 신발을 벗고 비행기에 탑승하는 손님들이 종종 있었던 것이다. 비행기를 처음 이용하는 손님은 충분히 그럴 수 있었을 것이다. 지금은 여행인구가 늘어나 비행기 탑승 때 긴장하는 사람이 많지 않지만, 공연 관람은 아직도 많은 이들에게 낯선 경험이다.

보통 1,000석 이상인 우리나라의 대공연장은 대부분 로비가 넓고 크다. 그렇기 때문에 그곳에 가면 자신도 모르게 위축되고 격식을 차리게 된다. 많은 이들이 어쩌다 한 번 특별한 기념일에 공연을 보게 되니 즐겁기보다는 부담스러운 이벤트로 기억될 수 있다. 나한테도 공연장 에티켓이나 인기 있는 공연에 대해 물어보는 사람들이 있다. 사람들이 공연을 즐기는 데 아직 보이지 않는 장애물이 있는 느낌이다.

## 가끔 아는 척! 해보자~

'비행기를 처음 타는 사람처럼 부담감이 있기 때문이 아닐까?'라는 생각이 들었다. 그래서 공연을 처음 관람하는 사람들이 궁금해 하는 이야기를 찾아서 그에 대한 정보를 매일 조금씩 타이핑하기 시작했다. 예를 들면, '영화나 드라마의 배경음악은 흔히 BGM^Background Music 또는 OST^Original Sound Track라고 부르는데, 뮤지컬에서 사용되는 노래나 음악은 왜 뮤지컬 넘버^Musical Number라고 하는 것일까?'처럼 사람들 앞에서 뽐낼 수 있는 이야기들을 풀어 보았다.

또한 공연장에만 존재하는, 불편하지만 지켜야 하는 에티켓에 대해서도 찾아보았다. 공연장에서는 하지 말라는 게 생각보다 많다. 영화관에서 영화를 볼 때와는 다른 점이 많다. 예를 들면, 영화는 내가 편한 시간에 가서 팝콘을 먹으면서 봐도 되고, 조금 늦더라도 내가 원하는 시간에 입장할 수 있다. 그런데 공연은 보통 평일 저녁 8시, 주말에도 2시, 6시 정도에 공연하기 때문에 그 시간에 맞춰서 가야 한다. 늦게 도착하면 작품에 따라 10분에서 15분 정도 기다렸다가 입장해야 한다. 이를 '지연 입장'이라고 한다. 비싼 비용을 지불하고, 불편함을 감수해야 하는 것이다. 티켓 가격은 영화 티켓보다 10배 정도 비싼데도 말이다. 왜 그럴까? 다른 관객의 관람을 방해할 수도 있고, 라이브로 진행되는 공연을 방해할 수 있기 때문에 무대 암전暗轉이 되었을 때 관객의 입장을 유도한다. 암전이란 막을 내리지 않은 상태에서 무대의 조명을 끈 다음 무대장치나 장면을 바꾸는 것을 말한다.

예술 분야 서적처럼 전문적인 지식이 아니라 친구나 아이들 앞에서 '아는 척' 할 수 있는 이야기들을 담았다. 물론 전혀 몰라도 공연을 즐기는 데 문제가 되지 않는다. 그렇지만 '아는 만큼 보인다'고 하지 않았던가? 공연을 재밌게 즐길 수 있는 팁, 초록 검색창에서 검색한 최저가보다 더 저렴한 비용으로 구매할 수 있는 팁! 연인끼리 친구끼리 즐겁게 관람할 수 있는 팁! 포토 이벤트나 싸인 이벤트처럼 공연을 200% 즐기는 팁! 등 '아는 척' 할 수 소재들로 구성하였다.

공연 티켓은 영화 티켓보다 더 비싸면서도, 영화보다 관람하기에는 훨씬 불편하다. 그럼에도 뮤지컬이나 연극과 같은 무대예술의 감동은 언제나 나의 가슴을 뛰게 한다. 어쩌다 멋진 공연을 접하고 나면 주변 지인들에게도 적극 추천한다. 내가 느낀 감동을 그들도 느끼게 해주고 싶은 마음에서다. 독자 여러분들께서도 '아는 척' 하다 보면 공연을 더 즐기게 되고, 그런 시간들이 늘어갈 것이라 생각한다.

이 책을 통해서 그렇게 관객이 늘어나고, 더 좋은 작품이 많이 만들어지는 선순환이 이루어지길 기대해 본다.

**아는 척! 하기 딱 좋은 공연 이야기**

# 감사인사

아내 이은하는 글이 한 편씩 완성될 때마다 꼼꼼히 읽고 귀한 의견을 제시해 주었다. 힘든 교정작업도 도왔다. 딸 지현이는 본문 곳곳에 글과 잘 어울리는 삽화를 그려 넣었다. 제일 먼저 두 사람에게 고마운 마음을 전하고 싶다. 내가 글을 쓰고 초등학생 딸이 그림을 그리는 그 과정이 너무 좋았다.

몇 해 전, 내가 다니는 회사의 사내 소활동인 '첫 책 쓰기' 모임에 참여하였다. 여러 권의 책을 출간한 경험이 있는 김철수 매니저께서 집필 초기부터 친절하게 이끌어 주셨다. 깊은 감사의 말씀을 드린다. 긴 팬데믹을 이겨내고, 모두 예전처럼 공연장에서 맘껏 환호하며 즐길 날이 하루빨리 오기를 바라는 간절한 마음을 책에 담았다.

# 제 1 장

## 아는 척! 해보자

# 1

## 4대
## 뮤지컬이란?

맛있는 것을 먹고 싶을 때 포털 사이트에서 맛집을 검색해 보면, '서울 3대 탕수육'이니, '전국 5대 짬뽕'이니 하는 수식어로 입맛을 유혹하는 식당들이 있다. 이처럼 '~대'라는 수식어가 붙으면 신뢰가 간다. 절묘한 홍보 마케팅 방법이다.

이와 비슷한 수식어가 뮤지컬 분야에도 있다. 바로 '세계 4대 뮤지컬'이다. 뮤지컬을 한 번도 보지 않았어도 '세계 4대 뮤지컬'이 무엇인지 아는 분들은 많다. 네 작품 중에서 한두 작품 정도 보신 분들도 꽤 많다. 특히 뮤지컬 이야기를 나누다 보면 자연스럽게 4대 뮤지컬에 대해 이야기할 만큼 익숙한 소재다.

그런데 세계 4대 뮤지컬의 기준은 무엇일까? 맛집이라면 손님들의 입소문을 통해 검증되기도 하고, TV 맛집 프로그램에 등장해 맛을 알리게 되면서 맛집으로 통하게 되기도 한다. 하지만 세계 4대 뮤지컬은 어떻게 정해졌을까? 그리고 어떤 작품들일까?

우리가 세계 4대 뮤지컬이라고 부르는 작품은 뮤지컬 '캣츠', '오페라의 유령', '레미제라블', '미스 사이공'이다. 많은 분들이 한

번쯤 들어본 적이 있는 이름일 것이다. 그러나 세계적으로는 세계 4대 뮤지컬이라고 불리지 않는다. 대부분 '빅4'Big Four 또는 '매킨토시의 빅4'로 부른다. 영국 출신 뮤지컬 제작자Producer 카메론 매킨토시Cameron Mackintosh가 1980년대에 발표해 흥행에 성공한 작품들이기 때문이다.

그래서 이들을 '세계 4대 뮤지컬'로 부르는 것에 대해 의견이 분분하다. 영미권에서 '매킨토시의 빅4'로 부르던 것이 한국으로 넘어오면서 '세계 4대 뮤지컬'이 됐다는 의견도 있다. 분명한 것은 네 작품 다 지금까지 전 세계 무대에 꾸준히 오르고 있다는 점에서 뮤지컬의 매력을 가장 잘 보여주는 작품들이라는 사실이다.

이 작품들은 1980년대에 상업적으로 가장 성공한 작품이고, 잘 만든 작품임에 틀림없다. 그렇기 때문에 영국의 웨스트엔드와 미국의 브로드웨이를 비롯한 전 세계 무대에서 계속 흥행하고 있고, 우리나라에서는 '세계 4대 뮤지컬'로 불리고 있는 것이다.

그렇다면 이 네 작품이 현존하는 뮤지컬 작품 중에서 최고의 작품들일까? 아마도 일반 관객들에게 뮤지컬을 좋아한다면, 꼭 관람해야 하는 훌륭한 작품으로 인식시키기 위해 가미된 마케팅적 용어가 아닐까 한다. 그렇다면 이 작품들의 어떤 요소가 빅4라고 불릴 만큼 관객들을 매혹시켰는지 살펴보자.

뮤지컬 '캣츠'는 1981년 런던에서 초연되어 지금까지 전 세계적으로 사랑받는 뮤지컬이다. 카메론 매킨토시와 작곡가 앤드류 로이드 웨버Andrew Lloyd Webber가 처음으로 만난 작품이기도 하다. T.S 엘리엇의 시 '지혜로운 고양이가 되기 위한 지침서'를 토대로 1년에 단 한 번 열리는 고양이들의 축제 '젤리클 볼'에 대한 이야기를 담아냈다. 제목그대로 30여 마리의 개성 있는 고양이들이 등장한다. 천

'캐츠' 내한 공연

상으로 향할 단 한 마리의 고양이로 선택받기 위해 각자 풀어놓는 이야기 속에서 우리는 자신의 삶을 발견할 수도 있다.

뮤지컬 '캐츠'의 매력은 화려한 의상과 분장, 역동적인 안무, 그리고 아름다운 음악이다. 특히 극중 고양이 그리자벨라가 부르는 '메모리'Memory는 많은 사람이 한번쯤은 들어보았을 법한 너무나 유명한 곡이다. 다만 스토리라인이 명확하지 않아 싫어하는 분들도 있다. 그런 분들도 재미있게 즐길 수 있는 팁이 있다. 고양이들이 공연 도중 객석으로 내려와 관객 사이를 누비고 다닌다는 사실이다. 다른 공연처럼 무대 위의 배우를 바라보기만 하는 것이 아니라 고양이들을 직접 만져볼 수도 있다. 앞좌석 통로에 가까운 '젤리클석'에 앉는다면, '캐츠'만의 또 다른 매력에

**빠질 것이다.** (젤리클은 모두가 꿈꾸는 이상세계를 뜻하는 말로 극중에서 극중 고양이들이 원하는 곳이다.)

이 4대 뮤지컬 중에서 내가 가장 좋아하는 작품은 '레미제라블'이다. 1985년에 런던에서 초연되었으며, 런던 웨스트엔드에서 지금까지 공연 중인 세계 최장수 뮤지컬이다. 어릴 적 읽은 동화책 『장발장』의 주인공이 이 작품의 주인공이다. 레미제라블<sup>Les miserables</sup>은 프랑스어로 '불쌍한 사람들'을 뜻한다. 프랑스에서 성경 다음으로 많이 읽힌다는 빅토르 위고의 소설을 원작으로 하여 만든 작품이다. 단순한 권선징악 구조가 아니라, 신념, 자비, 정의, 사랑, 열정 등을 잘 표현해낸 한편의 대서사시이다.

특히 'I Dreamed A Dream'을 비롯하여 'One Day More', 'On My Own', 'Do You Hear The People Sing?' 등 이 작품의 뮤지컬 넘버는 감동의 깊이를 더해준다. 이 중에서 'I Dreamed A Dream'은 가난하지만 홀로 아이를 키우며 최선을 다해 살아가는 판틴이 부르는 노래이다. 2009년 영국 가수 오디션 프로그램인 '브리튼즈 갓 탤런

뮤지컬 '레미제라블'

트'Britain's Got Talent에 수전 보일Susan Boyle이 부르면서 화제가 되었다.

당시 47살의 나이와 돋보이지 않는 외모로 심사위원의 관심을 받지 못했던 그녀는 이 노래를 통해 뛰어난 가창력을 선사하여 극찬과 기립박수를 받았다. 김연아 선수는 2013년 피겨 스케이

'오페라의 유령' 월드투어

팅 세계선수권 프리 프로그램에서 '레미제라블'의 음악과 환상적인 조화를 이루어 무결점 연기를 펼쳤다. 그 외에도 뮤지컬 '레미제라블'의 음악은 영화, 광고, TV 프로그램 등 다양한 분야에서 접할 수 있을 만큼 많은 사랑을 받고 있다.

우리나라 사람들에게 뮤지컬 하면 제일 먼저 떠오르는 작품은 아마도 '오페라의 유령'일 것이다. 1986년 영국의 웨스트엔드와 1988년 미국의 브로드웨이에서 막을 올린 이후 30여 년이 지난 지금까지도 영국과 미국에서 동시에 공연되고 있는 유일한 작품이다. 브로드웨이에서는 최다 공연 기록으로 월드 기네스북에 등재되었다. 이 작품도 '캣츠'와 마찬가지로 카메론 매킨토시

와 앤드류 로이드 웨버가 만들었다. 가스통 르루<sup>Gaston Leroux</sup>의 같은 제목의 소설 『오페라의 유령』을 원작으로 하였다.

이 작품에는 '팬텀 오브 디 오페라'<sup>The Phantom of the Opera</sup>, '뮤직 오브 더 나잇'<sup>Music of the Night</sup>, '씽크 오브 미'<sup>Think of Me</sup> 등 우리에게 매우 익숙한 노래가 많다. 특히, 여주인공 크리스틴 다에의 노래는 매우 음역대가 넓기 때문에 웬만해선 소화해내기 어렵다. 1대 크리스틴 다에는 작곡가 앤드류 로이드 웨버의 아내였던 사라 브라이트만이고, 앤드류 로이드 웨버가 그녀의 목소리를 염두에 두고 작곡했다고 한다. 이 작품과 뗄 수 없는 것이 샹들리에이다. 공연 시작 부분에서 샹들리에가 천천히 위로 올라간다. 공연 중에 관객석으로 뚝 떨어지는 장면이 압권이다. 그 외에도 이 작품에는 놀라운 특수효과들이 작품의 분위기를 극대화시킨다.

뮤지컬 '미스 사이공'은 1989년 웨스트엔드에서 초연되었으며, 뮤지컬 '레미제라블'과 마찬가지로 작곡가 클로드 미셸 쉔베르그, 작사가 알랭 부빌과 제작자 카메론 매킨토시가 함께 호흡을 맞춘 작품이다. 자코모 푸치니의 오페라 '나비부인'과 베트남 전쟁 직후 널리 알려진 한 장의 사진을 모티브로 하여 만든 작품이다. 이 작품을 만들 때 제작진은 여자 주인공 킴<sup>Kim</sup>을 찾기 위해 1년여 동안 수많은 오디션을 봤지만 적합한 배우를 만나지 못했다. 그러다가 당시 17세였던 레아 살롱가를 만나게 되었고, 그녀는 '미스 사이공'의 초연 배우가 된다.

사이공 함락 장면에서 실제와 똑같은 크기의 헬리콥터가 무대에 등장하는데, 이 장면 역시 압권이다. 요즘은 영상기술이 발달하여 3D 영상으로 처리되기도 한다. 주인공 킴과 크리스가 결혼식 후에 부르는 '나잇 오브 더 월드'Night Of The World와 아메리칸 드림을 꿈꾸는 엔지니어의 '아메리칸 드림'The American Dream이 명곡이다.

'미스 사이공'

위 네 작품 모두 추천해 드리지만 네 작품 모두 관람하려면 꽤 오랜 시간이 걸린다. 보통 2~3년에 한 작품 정도가 공연하기 때문에 기다리는 시간도 길고, 주로 서울에서 공연하고 지방은 대구, 부산 지역 정도에서만 공연하기 때문이다.

그런 분들을 위해 추천하는 것은 공연실황을 영상으로 보는 것이다. 다행히 '레미제라블: 25주년 특별 콘서트'2010, '오페라의 유령: 25주년 특별공연'2011, '미스 사이공 : 25주년 기념공연'2016 영상은 1만원 미만으로 소장용을 구매할 수 있다. 공연장의 감동을 실제 관람하는 기분으로 느낄 수 있을 것이다.

# 2

## 뮤지컬 넘버가
## 뭐죠?

## 유명한 뮤지컬 넘버도 소개 부탁드려요~^^

"이번 주에 친구랑 뮤지컬 '웃는 남자'를 보러 갈 예정인데, 작품 괜찮나요?"

"뮤지컬 넘버도 괜찮고 드라마도 좋아요.
아마 좋아하실 거예요."

"기대되네요, 그런데 뮤지컬 넘버가 뭐예요?"

"아~ 뮤지컬에 나오는 노래를 뮤지컬 넘버라고 해요."

"왜 OST라고 하지 않고 뮤지컬 넘버라고 하죠?"

주변에서 뮤지컬 공연을 보러 가기 전에 그 작품에 대한 평이 괜찮으냐고 내게 물어볼 때가 있다. 그런 질문을 받게 되면 보통 작품에 나오는 노래를 기준으로 대답해 준다. 뮤지컬은 여러 요소 중에서 노래가 가장 중요하기 때문이다. 뮤지컬에 나오는 노래를 '뮤지컬 넘버'Musical Number라고 하는데 생소한 말이라서 되묻는 경우가 많다. 나도 처음에는 너무 이상하게 생각했다. 노래와 숫자는 서로 잘 어울리지는 않기 때문이다. 영화나 드라마의 배경음악은 BGMBackground Music이나 OSTOriginal Sound Track라고 부른다. 그런데 유독 뮤지컬에서 사용되는 노래나 음악은 왜 뮤지컬 넘버라고 부르는 것일까? 왜 넘버를 붙이게 된 것일까?

뮤지컬 '웃는 남자'의 뮤지컬 넘버를 살펴보면, 실제로 노래 제목 왼쪽에 숫자가 기재되어 있다. 그리고 특이한 점은 14번 '눈물의 성'과 18번 '눈물의 성' 리프라이즈<sup>Reprise</sup>처럼 똑같은 제목의 노래도 보인다. 왜 넘버를 붙이는지와 리프라이즈가 무엇인지만 알아도 조금 더 아는 척할 수 있을 것이다.

정확한 유래는 알 수 없지만, 뮤지컬의 제작과정을 살펴보면 왜 넘버라고 부르게 되었는지 알 수 있다. 뮤지컬을 처음 제작할 때 무엇보다 중요한 것이 대본과 음악이며, 1차 완성된 대본을 바탕으로 노래를 만든다. 그런데, 여러 가지 이유로 대본은 자주 바뀌게 된다. 줄거리가 크게 바뀔 수도 있고, 각 장면의 분위기 등을 고려하여 조금씩 바뀔 수도 있다. 그때마다 노래가사<sup>대사</sup>도 변하게 된다.

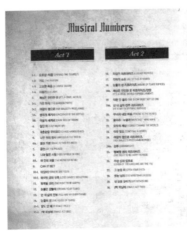

'웃는 남자'의 뮤지컬 넘버

그런데 노래 제목은 가사의 내용을 함축해 정해야 하기 때문에 가사가 바뀔 때마다 제목도 수정해야 하는 번거로움이 있다. 그래서 제작과정의 효율성을 높이기 위해 특정한 제목을 미리 정해놓기보다 각 장면에 등장하는 음악에 1번, 2번 등 번호를 붙이게 됐다는 것이 일반적인 견해다. 그리고 극이 완성돼 무대에 올리기 직전 각 넘버 옆에 제목을 단다. 또한 연습 과정에서 생길 수 있는 혼란을 막기 위해 넘버를 달기도 한다. 뮤지컬 메인 넘버는 주로 극 후반부에 다른 버전으로 한 번 더 등장하기 마련인데, 노래 제목으로 연습하다 보면 연출자가 의미하는 버전과 배우들이 생각하는 버전이 다를 수가 있다. 예를 들어 뮤지컬 '캣츠'에는 '메모리'가 극 중 두 가지 버전으로 등장하는데 연출자가 "메모리 연습합시다."라고 하면 배우들은 두 버전 중 어떤 버전을 의미하는지 정확히 알아듣기 힘들다. 이런 수고를 덜기 위해 각각의 '메모리'에 13번과 20번이라는 넘버가 붙었다.

뮤지컬을 관람하다 보면 '이 노래는 좀 전에 들었던 것 같은데?'라는 생각이 들 때가 있다. 이전에 등장한 멜로디에 새로 넘버가 붙은 곡을 리프라이즈라고 하는데, 앞서 나온 멜로디를 다시 변주하거나 반복해서 만든 넘버를 말한다. 멜로디는 같지만 작품의 내용에 따라 가사, 분위기 연출 등이 바뀌기도 한다. 관람을 마치고 공연장을 나설 때 귓가에 맴도는 노래가 있다면, 아마도 그 작품이 리프라이즈와 같은 장치를 잘 활용했기 때문일 것이다.

그렇다면 우리가 잘 알고 있는 뮤지컬 넘버에는 어떤 곡들이 있을까? 살펴보면 뮤지컬보다 더 유명한 뮤지컬 넘버도 많다. 특히 한국 사람들이 좋아하는 뮤지컬 '지킬 앤 하이드'의 '지금 이 순간'This Is The Moment, 어릴 적 즐겁게 따라 불렀던 뮤지컬 '사운드 오브 뮤직'의 '도레미송'Do Re Mi와 '에델바이스'Edelweiss, 듣고 있노라면 커다란 샹들리에가 떨어질 것 같은 뮤지컬 '오페라의 유령'의 '팬텀 오브 디 오페라'The Phantom Of The Opera, 불의에 맞서 싸울 힘을 북돋워주는 뮤지컬 '레미제라블'의 '두 유 히어 더 피플 싱?'Do You Hear The People Sing?, 안중근 의사의 독립투쟁을 그려낸 뮤지컬 '영웅'의 '누가 죄인인가' 등이 대표적이다.

뮤지컬을 보기 전에 그 작품의 유명한 뮤지컬 넘버를 미리 들어본다면 더 깊은 감동을 느낄 수 있다. 그리고 뮤지컬 넘버에 대한 기원과 리프라이즈 등에 대해 살짝 아는 척할 수 있는 묘미도 있다.

# 3

# 연극, 뮤지컬, 그리고 오페라

# 연극과 오페라에서도 노래하고 춤추는데, 뮤지컬과 차이가 무엇인가요?

"뮤지컬이 뭐예요? 연극과 비슷한 거 아닌가요?"

"무대예술이라는 점은 비슷하지만, 노래와 춤, 그리고 연기가 어우러진 공연 양식을 뮤지컬이라고 해요."

"연극이나 오페라에서도 노래하고, 춤도 추는데요. 뮤지컬과 어떤 차이가 있나요?"

"연극, 오페라, 뮤지컬은 각각 다른 특징이 있어요. 여러분은 어떻게 생각하시나요?"

"연극보다 노래가 많으면 뮤지컬인가요? 그리고 오페라는 주로 성악으로 구성된 것인가요?"

"대충 비슷하긴 합니다 ^^;;"

뮤지컬 관련 이야기를 하다 보면 흔히 듣는 질문들이다. 연극에서도 춤추고, 노래를 부르기 때문이다. 특히 오페라의 경우는 뮤지컬과 구성이 아주 비슷하기 때문에 많은 분들이 궁금해 한다. 언뜻 생각하기에 비슷한 장르이지만 알고 보면 각각의 특성이 다르다.

우선 연극과 뮤지컬의 차이부터 알아보자. 연극과 뮤지컬 모두 무대에서 배우들의 연기를 통해 관객과 소통한다는 공통점이 있다. 영화와 달리 극장이라는 같은 공간에서 배우들의 실감나는 연기를 볼 수 있다. 그렇지만 연극은 대사를 통해 작품을 이끌어나가는 반면, 뮤지컬은 노래를 통해 만들어간다는 차이점이 있다. 예를 들어, 로미오가 줄리엣을 향해 '창문을 열어주오.'라고 대사로 표현하는 것이 연극의 표현 방법인 반면, 뮤지컬에서는 줄리엣을 보고 싶은 감정을 노래로 극대화시켜 표현한다.

로미오가 춤을 추면서 '창문을 열어주오~'라고 노래하는 것이 뮤지컬의 표현 방법이다. 노래와 춤이 많이 등장하는 연극도 있지만, 연극은 주로 대사를 통해서 진행된다. 노래가 빠져도 작품의 흐름에 문제가 없다. 그렇지만 뮤지컬의 경우에는 주로 노래를 통해 내용을 표현하기 때문에 노래가 없는 뮤지컬은 상상하기 어렵다. 즉 연극에서는 노래가 없을 수도 있지만, 뮤지컬에서는 노래가 빠질 수 없는 것이다.

이런 장르의 특성으로 인해 연극과 뮤지컬을 찾는 관객들에서도 약간의 차이가 보인다. 예술경영지원센터에서 발간한『2008년 연극·뮤지컬 관람객 조사 보고서』에 따르면, 연극을 선호하는 관람객은 유머러스한 공연을 좋아하며, 내용과 줄거리를 중요한 요소로 생각한다. 반면에 뮤지컬 관람객은 박진감 있는 공연을 선호하며, 음악을 가장 중요한 요소로 생각한다. 또한 연극을 선호하는 사람들은 사회극이나 역사극 등 의미를 중시하는 내용을 좋아하고, 뮤지컬을 선호하는 사람들은 주로 액션, 코미디, 멜로와 같이 재미있고 대중적인 내용에 대한 선호가 높다.

그렇다면 똑같이 노래로 표현하는 방식을 사용하는 뮤지컬과 오페라는 어떤 차이가 있을까? 우선 비슷한 점은 둘 다 이야기가 있는 음악극이며 음악과 무용, 의상과 무대장치, 연기 등이 복합적으로 어우러진 종합 공연 예술이라는 점이다. 하지만 내용적인 측면에서 오페라는 고전적인 문학작품과 고전 음악에 바탕을 두는 반면, 뮤지컬은 재미있게 즐길 수 있는 대중적인 이야기와 음악을 바탕으로 한다. 또한 오페라는 노래 위주의 공연으로 아리아, 중창, 합창 등으로 구성되어 있으나, 뮤지컬은 음악 없이 대사를 하다가 주제와 어울리는 노래를 부르며 춤을 추기도 한다.

그래서 두 장르에서 공연하는 사람들에 대한 명칭도 다르다. 뮤지컬에 출연하는 사람을 배우라고 부르는 반면, 오페라에 출연하는 사람은 가수<sup>성악가</sup>와 무용수로 부른다. 뮤지컬의 경우 배우들이 노래와 춤, 연기를 모두 소화하며, 매우 역동적인 춤을 추기도 한다. 그래서 뮤지컬 배우는 만능 엔터테이너에 가깝고 외양적인 면도 중요시한다. 그러나 오페라에서는 노래를 하는 가수와 춤을 추는 무용수가 구분되어 있으며, 음악적인 측면을 중시하기 때문에 가수의 외양보다는 음색을 더 중요시한다. 그렇다 보니 오페라에서는 가녀리고 연약한 주인공 역할을 풍채가 큰 성악가가 연기하는 경우도 있다.

또한 두 장르를 가장 쉽게 구별하는 방법은 마이크를 사용하는지의 여부이다. 오페라 가수는 성악 발성을 기본으로 하며, 원칙적으로 마이크를 사용하지 않는다. (예외적으로 특수한 장소 또는 특수한 경우에는 마이크를 사용하기도 한다.) 신체의 공명을 통해 소리를 객석에 전달해야 하므로 성량이 풍부해야 한다. 반면 뮤지컬 배우는 소형 무선 마이크를 사용한다. 자세히 보면 머리카락 속이나, 입 옆의 볼에 무선 마이크를 착용하고 있다. 마이크를 통해 전달된 소리가 스피커를 통해 관객에게 들리는 방식이다.

간단히 살펴본 바와 같이 연극, 뮤지컬, 오페라는 모두 무대예술이지만 장르마다 다른 특성을 갖고 있다. 연극은 대사를 통해 작품을 이끌어가고, 오페라는 가수가 음악을 중심으로 작품을 이끌어 간다. 이에 비해 뮤지컬은 대사와 음악, 그리고 춤을 다양하게 표현하며 현대적이고 대중적인 내용의 작품들이 많다. 이러한 각 장르의 특성을 이해하고 관람한다면 보다 즐거운 문화생활을 할 수 있게 될 것이다.

# 제 2 장

## 좋은 자리를
## 싸게 구하기!

# 1

## 오리지널 공연,
## 라이센스 공연?

## 원본? 면허? 무슨 말인지... 🎵 🎵
## 어떤 공연이 좋을까요?

해외 유명 뮤지컬 작품의 국내 공연 티켓을 예매하려고 검색해 보면 '오리지널 내한 공연'이나 '라이센스' 라는 수식어를 발견할 수 있다. 간혹 '월드 투어'라는 수식어도 보인다. 티켓 가격이 만만치 않고, 이것저것 고려해야 하는 구매자 입장에서는 까다로운 용어들이 여간 거슬리는 게 아니다. 차이점을 알기 쉽게 설명해 보자.

　　오리지널Original은 '원래의', '독창적인'이라는 뜻이다. 뮤지컬에서의 오리지널 공연은 원본 공연 그대로 보여주는 것을 말한다. 즉, 해외에서 공연되었거나 공연 중인 작품을 국내에서 똑같이 보여주는 것을 오리지널 공연이라고 한다. 오리지널 공연은 외국 배우들이 한국에서 공연하기 때문에 내한 공연이라고 부르기도 한다.

　　그러나 모든 내한 공연을 오리지널 공연이라고 하지는 않는다. 내한 공연 중에는 해외 관객을 위한 투어Tour 공연도 있다. 해외 관객을 위한 투어 공연은 배우와 제작진, 무대 세트 등이 본 공연과 다른 경우가 많다. 다시 말해 오리지널 공연은 초연 당시의 주요 창작진연출, 안무, 음악감독 등이나 주연배우가 그대로 출연하는

인터파크 뮤지컬 예매 화면

공연을 말한다.

그러면 라이센스License 공연이란 무엇일까? 라이센스는 '면허', '허가' 등의 뜻을 갖고 있다. 사전적인 의미처럼 라이센스 공연이란 해외 원작자에게 저작권료를 지급하고 판권을 구입하여 우리말로 공연하는 것을 말한다. 라이센스 공연은 레플리카Replica와 넌 레플리카Non-Replica로 구분할 수 있다. 공연에서 레플리카란 음악, 가사, 안무, 의상, 무대 세트 등 작품의 모든 것이 오리지널과 똑같은 공연을 말한다. 반면에 넌 레플리카 공연이란 원작의 음원, 스토리 등 일부만 구매한 다음 이를 수정, 각색하는 것을 원작자로부터 허가받은 공연을 말한다. 각 나라의 정서에 맞게 노래나 스토리를 변경하는 것이다.

작품성과 상품성이 검증된 해외 공연의 라이센스 공연이나, 오리지널 공연이 국내에서 흥행하는 것은 당연하다. 그래서 그동안 국내 공연 시장에서 창작 작품이 차지하는 비율은 높지 않왔다. 한국 창작 뮤지컬이 해외에 나가서 공연하는 것은 생각지도 못할 일이었다. 그러다가 1997년 한국 창작 뮤지컬 최초로 해외에 진출한 '명성황후'를 시작으로 한국 팀이 외국에 나가서 공연하기 시작했다. 최근에는 우리나라 창작 작품들의 해외 진출 사례가 크게 늘고 있다. 그동안 쌓인 역량이 빛을 내기 시작한 것이다. 이제는 외국에 로열티를 받고 한국 뮤지컬의 라이센스를 파는 수준으로 업그레이드 되었다. 라이센스 이용에 대한 로열티는 대략 매출의 10% 안팎이다.

뮤지컬 '사랑은 비를 타고'는 2007년에 한국 창작 뮤지컬 중 최초로 일본에 라이센스로 판매하였고, 뮤지컬 '달고나'도 일본에 라이센스로 판매되었다. 뒤이어 2011년에는 뮤지컬 '빨래', 2013년에는 뮤지컬 '총각네 야채가게'도 일본에 진출했다. 2014년에는 뮤지컬 '셜록홈즈: 앤더슨가의 비밀', '블랙 메리 포핀스'가 일본에 라이센스 판매되었으며, 2016년에는 '김종욱 찾기', '빈센트 반 고흐', '프랑켄슈타인' 등이 연이어 수출되었다. '프랑켄슈타인'은 1000석 이상 대극장 규모의 첫 라이센스 판매였다. 이후 대형 뮤지컬 '마타하리'와 '웃는 남자' 역시 일본에 수출하여 흥행에 성공했다.

최근에는 일본뿐만 아니라, 중국, 유럽 등 여러 나라에서 한국 뮤지컬에 대한 관심이 높아지고 있다. 앞서 언급한 '김종욱 찾기', '총각네 야채가게', '빨래' 외에도 '랭보', '캣조르바' 등이 중국에 라이센스 판매되었다. 대구 국제뮤지컬페스티벌<sup>DIMF</sup>이 제작한 뮤지컬 '투란도트'는 한국 창작 뮤지컬 최초로 동유럽권과 라이센스 수출 계약을 체결했다. 국내 뮤지컬 시장의 성장이 한계에 다다를 것에 대비해 해외 진출을 적극적으로 모색한 결과물이다. 이제 한국에서 제작하는 뮤지컬이 해외에서도 인정받는 단계로 접어든 것이다.

국내에서 공연하는 오리지널 공연이나 라이센스 공연은 해외에서 검증된 작품이기 때문에 어떤 방식의 공연을 선택하더라도 즐거움과 감동을 느낄 수 있다. 다만 오리지널 공연은 원작 그대로의 감동을 느낄 수 있지만, 자막을 봐야 하는 불편함을 감수해야 한다. 라이센스 공연은 우리말로 번안되었기 때문에 편하게 감상할 수 있지만, 번안 과정에서 정서 전달이 달라질 수 있다는 흠이 있다.

하지만 해외로 수출한 한국 창작 작품들은 검증되었을 뿐만 아니라, 우리 정서를 바탕으로 만들었기에 더 많이 공감할 수 있을 것이다. 유명한 해외 작품만 고집할 것이 아니라, 우리나라 작품도 많이 즐기시길 추천한다.

# 2
## 오픈 런 공연이
## 무엇인가요?

# 오픈 런,
# 그리고 리미티드 런의 장단점

보고 싶은 공연이 생기면 제일 먼저 할 일이 티켓을 예매하는 것이다. 원하는 작품을 선택한 다음 관람하고 싶은 날짜를 고른다. 그런데 순간 낯선 단어가 보인다. 공연기간을 살펴보면 '2021.04.06 ~ Open Run' 같은 말이 눈에 띈다. 자세히 보니 다른 공연들도 비슷한 표기가 꽤 보인다. 오픈 런Open Run이 무슨 뜻일까? 단어의 뜻으로 유추하면 2021년 4월 6일부터 계속 달려간다는 뜻 같은데, 그럼 앞으로 계속 공연한다는 말일까? 대략 비슷한 의미이지만, 좀 더 정확하게 알아보자.

오픈 런이란 공연의 종료일, 즉 폐막일을 정하지 않고 계속 공연하는 것을 말한다. 무조건 계속 공연한다는 말은 아니고, 관객의 반응이나 티켓 판매 현황 등 시장의 수요에 따라 종료 시점을 조정하겠다는 것이다. 예를 들면, 보통 공연 시작 1~2개월 전에 티켓을 판매하는데, 티켓 판매량이 저조하면 다음 달 티켓을 판매하지 않고 공연을 종료하는 것이다. 이와 달리, 공연 시작 전에 상연 기간을 미리 확정하고 진행하는 방식은 '리미티드 런'Limited Run이라고 한다.

| 장소 | 대학로 틴틴홀 |
|---|---|
| 기간 | 2010.04.06 ~ 오픈런 ｜ 관람시간 보기 ▶ |
| 출연 | 김태환·김태인·김석주·유성래·박현준·노수연·김다정·이서주·<br>이유진·김수현·한승렬·김창일·심재민·이진실·장용·안설아·<br>정서주·김세나·김미진·박세영.. ｜ 더보기 ▶ |

| 가격정보 | | 가격상세보기▶ |
|---|---|---|
| 기본가 | 일반석     35,000 원<br>로맨틱석   35,000 원 | |

| 부가할인 | 카드할인혜택 ▼    무이자할부혜택 ▼ |
|---|---|
| | [AD] SKT사용고객 12,000원 단독할인받기 ▶ |
| | [AD] 인터파크티켓 11,000원 추가할인받기 ▶ |

오픈 런 공연 (인터파크티켓)

오픈 런 방식의 장점은 공연기간이 길어질수록 손익분기점이 낮아지기 때문에 티켓의 가격이 저렴해지고, 공연의 질도 향상되는 장점이 있다. 물론 지속적으로 티켓이 많이 판매되는 경우에 그렇다. 그렇기 때문에 대부분 오픈 런 방식을 선호하겠지만, 우리나라에서는 전용극장을 갖고 있는 소극장 공연 위주로만 오픈 런 방식의 작품이 많다.

우리나라 대극장의 경우, 샤롯데씨어터 등 일부 공연장을 제외하면 대부분 공공기관에서 운영하는 공연장들이다. 세금으로 운영하는 공공기관의 특성상 순수예술을 포함하여 여러 분야에 대관을 해주는 다목적 공연장으로 운영하기 때문에 '리미티드 런'이 일반적이다. 결과적으로, 뮤지컬의 경우에는 2~3달의 짧은 기간 내에 제작비를 회수해야 하니 티켓 금액을 높게 책정할 수밖에 없는 단점이 생긴다.

반면에, 전용극장이 많은 브로드웨이에서는 오픈 런 공연이 일반적이다. 뮤지컬의 본고장이라 할 수 있는 영국의 웨스트엔드나 미국의 브로드웨이에서는 10년 이상 오픈 런으로 공연한 작품들도 많다. 앞에서 살펴본 카메론 매킨토시의 작품들도 꽤 오랜 시간 관객들의 사랑을 받고 있다. 물론 공연이 영원히 계속될 수는 없다. 뮤지컬 '캣츠'도 오랜 기간 웨스트엔드와 브로드웨이에서 공연했지만 지금은 막을 내렸다. 경제적인 관점에서 공연 기간을 결정하고 운영하기 때문이다.

우리나라에서도 국내 최초 뮤지컬 전용극장인 샤롯데씨어터에서 2006년 10월에 공연했던 뮤지컬 '라이온킹'은 1년 뒤 공연을 종료했다. 현재까지 대형 뮤지컬 작품 중에서 국내 최장기 공연 기록이다. 아쉽지만 티켓 판매 매출이나 운영비용 등을 고려하여 공연을 종료한 것이다. 하지만 대학로의 소극장이나 넌버벌 퍼포먼스non-verbal performance 전용관에서는 1년 이상 오픈 런으로 공연하는 작품들이 많이 있다. 넌버벌 퍼포먼스는 대사 없이 주로 몸짓과 소리만으로 진행되는 공연을 말한다. 특히 대학로는 젊은이들이 많은 거리의 특성을 반영하듯, 로맨틱 코미디 장르의 작품이 많다. 데이트하기에 좋은 작품들이 오랜 기간 사랑받고 있는 것이다. 그리고 '난타', '점프' 등의 넌버벌 퍼포먼스는 언어의 장벽이 없기 때문에 외국 관광객들이 많이 찾고 있다.

공연 제작사에서는 보통 극장을 대관한 기간만큼 리미티드 런으로 공연한 후 막을 내린다. 그 작품 중에서 인기가 많은 작품은 다른 극장에서 공연을 하거나 전용극장을 개설하여 오픈 런으로 공연하는 것이 일반적이다. 그렇기 때문에 오픈 런 공연의 경우, 흥행성을 검증받은 작품이라고 유추하기도 한다. 물론 이러한 점을 마케팅적인 관점에서 활용하기 위해 처음부터 오픈 런으로 공연하는 작품들도 많다. 그렇기 때문에 오픈 런 공연이라고 해서 무조건 검증된 작품이 아닐 수도 있음을 알아둘 필요가 있다.

반면, 리미티드 런으로 공연한 작품은 어느 정도 휴식 기간을 두고 다시 공연을 시작한다. 휴식 기간 동안 작품을 정비하면서 어느 공연장에서 언제 공연을 재개하는 것이 흥행에 유리할지 판단한다. 그리고 흥행에 이미 성공한 작품일지라도 더 좋은 성적을 거두기 위해 휴식 기간을 조정하기도 한다. 대형 뮤지컬의 경우 보통 2~3년 주기로 2~3개월 동안 공연한다. 그래서 언제 다시 공연할지 알 수 없고, 다음 공연에는 어떤 배우가 출연할지 모른다. 그렇기 때문에 보고 싶었던 공연이 있거나, 좋아하는 배우가 출연하는 공연이 있으면 공연 끝나기 전에 얼른 관람하는 것이 좋다.

공연이 흥행하여 오랜 기간 오픈 런으로 공연하게 되면 제작자, 극장주, 그리고 관객의 입장에서도 좋다. 무엇보다 관객은 수준 높은 공연을 계속해서 볼 수 있다. 제작자는 공연 기간이 길어질수록 손익분기점이 낮아지기 때문에 티켓 가격을 낮춰서 더 많은 관객에게 선보일 수 있다. 극장을 옮길 경우에 발생하는 추가 비용을 아낄 수 있고, 이러한 비용을 작품을 개선하는 데 쓰거나, 극장 전체를 작품에 맞게 꾸며서 관객의 몰입도를 높일 수도 있다. 극장주 입장에서도 매번 대관할 작품을 찾지 않아도 되기 때문에 안정된 수익을 얻을 수 있다. 아울러 '○○전용관'이라는 브랜딩이 가능하기 때문에 극장 관리에도 유리하다.

따라서 계속 사랑받는 작품을 오픈 런으로 공연할 수 있다면 관객, 제작자, 극장주 모두에게 좋은 것이다. 그렇기 때문에 제작자와 극장주는 수준 높은 작품을 만들고 발굴하기 위해 노력하고, 관객인 우리는 가끔씩이라도 그렇게 만들어진 작품을 즐기고, 그 작품이 맘에 든다면 소문도 내고 하면 되는 것이다.

——— **아는 척! 하기 딱 좋은 공연 이야기**

# 3

## 어디가
## 좋은 자리인가요?

# '캣츠'를 보러갔는데,
# 고양이가 내게 다가왔다

연극이나 뮤지컬을 보러 갈 때는 영화를 보는 것보다 조금 더 신경을 쓰게 된다. 영화의 경우는 멀티플렉스 영화관이 근처에 많이 있어 접근성도 좋고, 가격도 1만 원 내외로 부담이 적다. 언제 방문해도 편하게 관람할 수 있고, 영화관에서 직접 표를 구매하기도 쉽다. 이에 비해 공연장은 많지도 않고, 가격은 3~15만 원으로 비싼 편이다. 평일의 경우 저녁 8시, 주말에도 오후와 저녁에 각 1번씩만 공연하기 때문에 정해진 시간에 맞춰야 한다. 현장에서는 거의 티켓을 구매하기도 힘들어서 1~2주 전에 예매를 해야 한다.

이처럼 영화에 비해 공연 관람은 여러 면에서 많이 번거롭다. 그렇게 번거로운 과정을 거쳐 막상 공연을 보러 갔는데 자리가 마음에 안 든다면 정말 속이 상할 것이다. 같은 공연을 보더라도 내게 딱 맞는 자리를 선택할 수 있다면 공연 보는 재미가 200% 더 많아질 것이다.

영화의 경우에는 상영하는 작품이 바뀌어도 좌석의 등급은 동일하다. 하지만 공연의 경우에는 똑같은 공연장이라 하더라도 작품이 바뀌면 같은 자리의 좌석 등급이 변경되기도 한다. 왜 그럴까? 영화의 경우는 같은 스크린에 같은 음향 시스템을 이용하여 관람하기 때문에 작품이 달라도 좌석 등급이 동일한 것이다.

공연의 경우는 작품마다 설치되는 무대 세트, 조명, 음향, 특수효과 등 모든 부분이 달라진다. 이런 요소들이 좌석 등급에 영향을 미치는 것이다. 예를 들어 공연장의 맨 좌우측 1열 좌석일 경우 무대에 가깝기 때문에 보통 R석 등급이지만, 어떤 공연에서는 무대 세트에 가려서 공연 관람이 어렵기 때문에 S석 또는 판매하지 않는 좌석으로 분류하기도 한다.

공연 티켓은 좌석 등급별로 가격이 다르기 때문에 비싼 등급을 구매하면 당연히 좋은 자리라고 보면 된다. 하지만 등급은 낮지만 자신의 취향에 맞는 자리가 있다면, 운좋게 가성비가 좋은 명당자리가 된다. 어떤 곳이 명당자리인지 알아보기 전에 공연장의 좌석 등급에 대해 먼저 알아보자.

공연장의 좌석을 구분하는 이름은 너무 많다. 그래서 티켓을 예매할 때면 고민이 된다. VIP석, R석 등은 대부분 익숙한 좌석 등급이지만, OP석, 발코니석, 스탠딩석, 극장 유보석 등 생소한 이름도 많다. 좌석을 구분하는 이름만 알아두어도 티켓을 예매할 때 적지않은 도움이 된다. 간혹 특별석이 있는 작품의 경우에도 특별석의 특징을 알고 관람한다면 즐거움이 배가 될 것이다.

보통은 무대나 배우의 연기가 잘 보이는지, 음악이 잘 들리는지에 따라 좌석 등급을 구분하고, 그 등급에 따라 티켓의 가격에 차이를 둔다. 공연장마다 조금씩 차이가 있지만, 보통은 VIP석귀빈석, R석Royal, 최고급석, S석Superior 또는 Special, 고급석, A석A Grade, A 등급, B석, C석 등으로 구분한다. 공연기획사의 마케팅 전략에 따라, VVIP석Very Very Important Person이나 P석President처럼 이색적인 등급이 새로 만들어지기도 한다.

이처럼 마케팅의 과열 현상을 막기 위해 예술의 전당에서는 R석, S석, A석, B석, C석으로 좌석 등급을 표준화해서 운영한다. OP석은 오케스트라 피트Orchestra pit석의 줄임말로 오케스트라가 위치하는 좌석을 의미한다. 공연에 따라 OP석을 관객용으로 판매하기도 하는데, 무대와 가장 가깝기 때문에 공연 마니아 층이 선호하는 좌석이다. 생동감을 느끼기엔 좋지만, 올려다봐야 하

예술의 전당 오페라극장 객석 (예술의 전당 홈페이지)

——————— **아는 척! 하기 딱 좋은 공연 이야기**

기 때문에 목이 좋지 않은 관객에게는 권하지 않겠다.

예술의 전당 오페라극장의 객석에서 보이는 좌우측 벽면에 설치된 좌석은 꽤 멋져 보인다. 2층 좌우측 벽면에 튀어나오게 만든 좌석은 발코니석이고, 3, 4층에 설치된 좌석은 박스석이다. 오페라 극장의 경우 2명이 앉을 수 있는데, 보통 4~6명 정도가 앉을 수 있도록 분리되어 있는 공간이다. 외형적으로는 멋있어 보이지만 너무 측면이기 때문에 무대를 보기가 어렵고, 음향 역시 좋지 않다. 그래서 보통은 시야 방해가 심해서 판매하지 않을 때가 많다.

공연 티켓은 좌석 등급에 따라 가격 차이가 있으며, VIP석과 B석의 가격은 3배 정도 차이가 난다. 좌석의 등급은 어떻게 정할까? 티켓은 보통 공연 개막일로부터 2~3개월 전에 판매하는데, 그 전에 좌석 등급이 확정되어야 한다. 그렇기 때문에 티켓 판매 전에 공연장 객석을 점검하면서 좌석 등급을 구분한다.

무대 세트나 배우의 동선에 따라 관람이 어려울 수 있는 1층 앞쪽의 좌우측 좌석이나, 안전봉에 시야가 가릴 수 있는 2, 3층의 1열은 공연 시작 전까지 판매를 보류하기도 한다. 공연 개막일이 다가오면 무대 세트, 조명, 음향 시스템이 설치되고, 리허설을 하면서 마지막 수정 작업을 진행하는데, 이때 보류한 자리에 앉아서 확인한 후에 판매 여부와 좌석 등급을 결정한다.

이해를 돕기 위해 국내 최고의 공연장이라 자부하는 예술의

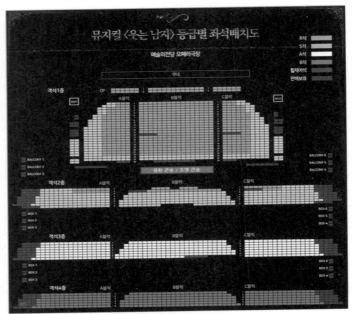

뮤지컬 '웃는 남자' 좌석 배치도 (인터파크 티켓)

전당의 오페라 극장을 중심으로 대극장 좌석에 대하여 살펴보자. 객석은 4개 층에 2,283석으로 이루어져 있으며, 작품에 따라 좌석 등급은 달라진다. 대형 뮤지컬의 경우 보통 4개 또는 5개의 좌석 등급으로 구분하여 1층의 경우 대부분 R석과 S석이 주를 이룬다. 최근에는 S석의 비중이 줄어들고, R석이 대부분이다. 이렇게 많고 많은 R석 중에 어디가 좋은 자리일까? 꼭 최고 등급의 좌석이라야 좋은 자리일까?

그렇지 않다. 공연장에서 좋은 자리는 개인의 취향에 따라 달라진다. 따라서 조건 별로 자신의 취향에 맞게 선택하면 된다. 첫째, 장르에 따라 관람하기 좋은 자리가 달라진다. 주로 중·소극장에서 공연하는 연극은 관객이 배우의 연기를 가까이서 볼 수 있는 자리를 선호한다. 이에 비해 주로 대극장에서 공연하는 뮤지컬의 경우에는 선택의 여지가 조금 더 다양해진다. 보통은 1층의 중앙 블록<sub>그림의 B블록</sub>과 2층 중앙 블록의 1열이 관람하기에 좋은 자리이고, 티켓 가격도 제일 비싸다.

그러면 1층 중앙 블록의 1열부터 25열 중에서는 어디가 좋은 위치일까? 보통은 배우와 눈높이가 일치하는 7열부터 17열 사이의 좌석을 추천한다. 참고로 오페라 극장의 경우, 연출가가 작품 리허설 때 앉는 자리의 위치가 1층 B구역 12열 7~10번 좌석이다. 연출가가 선택한 좌석인 만큼 음향, 무대, 조명 등 모든 조건이 최적화 된 위치이다.


## OP석이 뭔가요? 공연장에 웬 낚시석?


7열에서 17열 사이의 좌석이 이미 판매되었다면 1층 중앙 블록 맨 뒷줄도 좋은 자리이다. 공연 시 음향을 담당하는 콘솔이 1층 맨 뒤에 있기 때문에 최적화 된 음향을 즐길 수 있고, 무대 전체를 볼 수 있다는 장점이 있다. 게다가 좌석 등급도 한 단계 아래이기 때문에 가격이 싸서 1석 2조의 효과를 누릴 수 있다. 다만 2층 1열을 예매하기 전에 안전 난간에 시야가 가릴 수도 있으니 주의 사항을 꼼꼼히 살펴보는 것이 좋다.

둘째, 배우를 가까이서 보는 것을 선호하는 관객이라면 1층 1열을 선택할 것이다. 이 자리를 선호하는 관객이 늘어나서 요즘은 무대 바로 앞에 오케스트라 피트석그림의 OP석 등급을 판매하고 있다. 물론 무대를 가까이서 올려봐야 하기에 목이 아플 수 있고, 무대 전체를 보기 힘들다는 단점이 있다. 그래서 작품에 따라 좌석 등급이 한 단계가 낮은 경우도 많다. 티켓 가격도 조금 더 저렴하고 배우를 가까이서 볼 수 있기 때문에 티켓 판매가 시작되면 매우 짧은 시간 안에 매진되는 좌석이다. 또한 다리를 뻗고 편하게 앉을 수 있고, 앞사람이 없어서 방해받지 않고 관람하는 특전까지 누린다.

무대에 가까운 앞쪽 좌석의 경우에는 또 다른 특징이 있다. 작품에 따라 다양한 이벤트를 진행하는데, 뮤지컬 '이블데드'는 피를 뿌리기 때문에 우의를 입어야 했다. 또한 배우가 객석으로 내려와서 무엇인가 물어보기도 하고 함께 사진을 찍기도 한다. 가까이에서 자세히 관람할 수 있는 즐거움에 더해 배우들과 함께 공연하는 짜릿한 경험까지 즐길 수 있는 명당자리인 것이다.

셋째, 좋아하는 특정 배우가 있거나 공연에 직접 참여해 보고 싶은 고객에게는 배우의 동선을 고려하거나, 작품의 내용과 관련된 특별석이 명당이다. 좋아하는 배우가 무대의 왼쪽에서 자주 연기한다면 왼쪽 블럭<sup>그림의 A블럭</sup>이 명당인 것이다. 배우의 숨소리를 가까이서 느낄 수 있고, 운이 좋으면 눈맞춤도 할 수 있다. 예매하기 전에 공연 후기를 검색해 보면 관련 정보를 찾을 수 있을 것이다.

또한 작품마다 특별석이 있는데, 말 그대로 특별한 경험을 할 수 있는 좌석이다. 뮤지컬 '캣츠'의 경우 2막 시작 전에 고양이들이 객석에 미리 내려와 '젤리클 석' 관객과 같이 놀면서 등장한다. 뮤지컬 '삼총사'에서는 공연 중에 배우들이 낚시하는 장면이 있는데, '낚시석'에 앉은 관객은 선물을 준비해서 낚시 바늘에 매달아 주기도 한다. 물론 인기 있는 자리이기 때문에 제일 먼저 매진된다. 뮤지컬 '베르테르'의 '눈물석'은 약혼자가 있는 롯데와의 이루어질 수 없는 사랑 앞에서 아파하는 주인공 베르테르의 뜨거운 눈물을 아주 가까이에서 볼 수 있는 좌석이다. 약간 시야가 방해받는 위치지만 무대와 가깝기 때문에 마니아들에게 인기가 많다.

뮤지컬 '그리스'는 TV CF나 시상식 축하 무대 등에 자주 등장해서 우리에게 너무나 익숙한 넘버인 '서머 나잇츠'<sup>Summer Nights</sup>와 누구나 한번 겪었을 법한 꿈과 열정, 사랑에 관한 작품이다.

라이델 고등학교의 잘생긴 매력남 대니와 새로 전학 온 샌디를 중심으로 하여 신나는 음악과 화려한 무대를 선사한다. 좀 더 재밌게 즐기고 싶다면 라이델 고등학교의 댄스 파티를 가장 가까이에서 즐길 수 있는 특별 좌석 '대니 샌디석'을 노려볼 만하다. 2019년 공연 때는 대니 샌디 티셔츠를 증정하는 이벤트도 진행했다.

뮤지컬 '여명의 눈동자'는 1991년 방영 당시 높은 시청률을 기록한 같은 이름의 드라마를 원작으로 한 뮤지컬이다. 제작사 측에서는 매회 단 하나의 지정석으로 운영되는 '나비석'을 만들었다. 이 좌석의 판매 수익금 전액을 위안부 피해자를 위한 후원재단에 기부한다고 했다. 우리의 아픈 역사를 되새길 수 있는 작품을 관람하면서 기부 대열에도 합류하게 되는 의미 있는 특별 좌석이었다.

어린이 뮤지컬의 경우도 주인공 캐릭터 분장을 한 배우들이 객석으로 내려와서 같이 춤을 추고 사진을 찍는 이벤트가 많다. 보통은 2막이 시작할 때나 공연이 끝나는 시점에 1층 중앙 블록 좌우측의 통로 좌석으로 지나가기 때문에 통로 양 옆의 좌석이 명당이다. 공연 주인공과 하이파이브라도 하게 되면 정말 신나는 관람이 될 것이다.

마지막으로, 가성비 높은 자리를 원한다면 좌석 등급 간의 경계 부분을 공략하는 것도 좋은 방법이다. R석과 S석의 경계 부분에 있는 S석은 가격은 저렴하지만 R석과 비슷한 위치이기에 가성비가 좋다고 할 수 있다. 또한 같은 공연을 여러 번 볼 예정이라면 처음에는 무대 전체를 볼 수 있는 1층 중앙 블록의 뒷줄이나 2층 1열에서 관람한 후에 두 번째 관람부터는 1층 앞쪽으로 옮겨서 관람하는 방법도 추천할 만하다.

판매 활성화를 위한 '솔로석'도 가성비가 좋다. 예를 들면, 공연장 객석의 가로줄이 홀수로 이루어질 경우 1자리씩 남는 경우가 많다. 보통 커플들이 많이 관람하기 때문이다. 이러한 끝자리를 솔로석이라고 이름 붙여서 일반 좌석 대비 30%~50%정도의 할인 혜택을 제공한다. 혼자 공연을 보러 오는 관객에게는 더없이 좋은 자리이다. 가격도 저렴하고, 통로 옆자리라서 편하게 관람할 수 있기 때문이다.

객석이 홀수가 아니더라도 중간 중간 낱개로 남아 있는 좌석들이 있다. 객석 중간에 한 자리씩 남아 있다면 판매가 종료되는 공연 관람일까지 판매가 안 될 확률이 높다. 그래서 판매 종료일이 얼마 남지 않은 시점에 이러한 좌석들을 대상으로 이벤트를 진행하기도 한다. 솔로석처럼 할인 혜택을 제공하여 잔여 좌석까지 매진시키려는 마케팅의 일환이다. 예를 들어, 크리스마스 시즌의 공연장은 커플들로 꽉 차기 마련이기 때문에 낱개로 남은 잔여석은 거의 판매가 안 된다. 예를 들어 이런 좌석을 대상으로 '나홀로 크리스마스'라는 이벤트를 진행하여 100% 매진시키는 것이다.

또한 특정 공연장에만 있는 좌석 이름도 있다. 신한카드 FAN 스퀘어의 '신한카드 특별석'처럼 협찬 기업의 이름을 딴 특별석이다. 해당 공연장에서 공연하는 작품의 좌석 중에는 '신한카드 특별석'이 있는데 신한카드로 결제할 경우 60%의 할인 혜택을 제공한다.

위에서 제시한 공연 관람을 위한 좋은 자리의 선택 기준을 참고하여 예매한다면 보다 즐거운 관람이 될 것이라고 생각한다. 이와 함께 예매하기 전에 관람하려는 작품과 공연장에 대한 검색은 필수이다. 작품과 공연장마다 좋은 자리의 기준에 차이가 있기 때문에 사전에 정보를 파악하여 예매하는 것이 명당자리를 확보하는 지름길이다.

# 4

# 티켓 싸게 살 수 있는 방법은 없나요?

# 통신사 카드사 이벤트만 챙겨도 50% 할인에 예쁜 꽃까지!

"이번 겨울방학에 와이프 생일이 있어서 온 가족이 같이 뮤지컬 볼까 하는데 뭐가 재밌을까?"

"뮤지컬 '아이다' 안 봤으면 재밌을 거야."

"티켓 가격은 얼마나 하는데?"

"VIP석은 14~15만 원, R석은 12~13만 원 정도 할 거야."

"4명이 VIP석으로 보면 티켓 가격만 60만 원이네. 너무 비싼데?"

"아니야, 4매 구매하면 20% 정도 할인받을 수 있을 거야. 방학이니까 평일 낮에 시간이 되면 낮 공연(마티네) 할인도 20~30% 정도 받을 수 있을 거야. 하나카드나 BC카드 사용하고 있으면 50% 할인 이벤트도 있으니 카드사 홈페이지에서 찾아봐!"

문화 마케팅 업무를 담당하다 보니 회사 동료나 지인들이 공연 티켓을 싸게 살 수 있는 방법을 자주 물어본다. 그런데 BTS 콘서트나 스타가 출연하는 뮤지컬 티켓을 싸게 사고 싶다고 물어보면 난감하다. 그런 인기 공연은 피케팅<sup>피가 튀는 전쟁 같은 티켓팅</sup>을 거쳐야만 하기 때문에 티켓을 구하는 것 자체가 매우 어렵기 때문이다. 하지만 일반적인 공연 티켓은 발품을 팔수록 싸게 구할 수 있기 마련이다. 연극이나 뮤지컬의 경우 할인 정책이 매우 복잡하고, 반짝 이벤트도 많기 때문에 관련 정보를 미리 알면 도움이 된다.

첫째, 판매 시기에 따른 가격 할인 정책이 있다. 공연기획사에서는 공연 초기 티켓 판매를 활성화하기 위해서 할인 혜택을 제공한다. 일반적으로 공연 시작일로부터 2개월 전쯤에 조기 예매 고객에게 10~30%의 할인 혜택이 제공된다. 조기 예매를 이용하면 할인 혜택도 받을 수 있고, 원하는 날짜에 원하는 좌석에서 관람이 가능한 장점이 있다. 시간이 지나면서 할인율이 더 큰 이벤트가 진행되면 취소한 다음 다시 예매하면 된다. 취소 수수료는 보통 관람 11일 전까지는 부과되지 않으니 취소 수수료 부과 시점을 잘 살펴보도록 한다.

둘째, 공연 초기에만 제공하는 '프리뷰'Preview 할인도 혜택이 크기 때문에 많이 이용한다. 보통 공연 시작일로부터 3~7일간의 공연에 대해 30~40% 할인 혜택을 제공한다. 공연 개막 전 대략 2~3개월간의 연습을 거치고, 실제 공연장에서 일주일 정도 리허설을 진행한다. 그럼에도 개막 후 일주일 정도는 작품을 개선하는 과정을 거치기 때문에 그만큼 할인 혜택을 제공하는 것이다.

공연 초기에 매진을 유도하여 입소문을 통해 티켓 판매를 활성화하기 위한 마케팅 방법의 하나이기도 하다. 보통 회전문 관객이라 불리는 공연 마니아들은 공연 초기와 중간, 마지막 공연을 모두 관람하기도 한다. 같은 공연이지만 공연 시기에 따라 각각 다른 즐거움을 맛볼 수 있기 때문이다.

셋째, 공연장이나 티켓 예매처에서 운영하는 멤버십에 가입하는 것이다. 공연장 멤버십은 대체로 무료이고, 티켓 예매처의 멤버십 가운데는 유료 멤버십도 있다. 멤버십 회원의 할인 혜택은 보통 10~20% 수준으로 높지 않지만 티켓 선예매 혜택이 주어진다. 선예매란 일반 관객에게 티켓을 판매하기 전에 멤버십 회원을 대상으로 하루 전에 먼저 예매할 수 있는 혜택을 주는 것을 말한다.

특히 인기 있는 뮤지컬은 빨리 매진되기 때문에 선예매를 이용한다면 '피켓팅'을 피할 수 있다. 무료 멤버십의 경우, 가입해 두면 별도 비용 없이 공연 정보, 할인 혜택, 선 예매 혜택 등을 받을 수 있다. 유료 멤버십은 1~2만 원 수준의 연회비를 내고 조금 더 많은 혜택을 받을 수 있으니, 1년에 두 번 이상 공연을 관람하는 편이라면 가입하는 것이 유리할 수 있다.

넷째, 통신사와 카드사에서 제공하는 할인 이벤트를 이용하면 큰 혜택을 누릴 수 있다. 통신사는 각종 멤버십 혜택을 제공하는데, 특히 젊은 층이 선호하는 공연 관련 할인 혜택이 많다. 2020년 4월 기준으로 SK텔레콤, KT가 멤버십 혜택으로 공연 관련 혜택을 제공하고 있다. 주요 인기 공연에 대해 상시 할인 예매

가 가능하며, 무료로 관람할 수 있는 초대 이벤트에 응모해 보는
것도 쏠쏠한 재미를 누릴 수 있게 해준다.

　통신사의 멤버십이 상시 할인 혜택 위주인데 반해, 카드사의
경우는 주로 매월 또는 분기별로 특가 할인 이벤트를 진행한다.
티켓 가격이 비싸기 때문에 50% 할인 수준의 '1+1' 이벤트나 영
화 티켓보다 저렴하게 살 수 있는 '만원의 행복' 이벤트 등을 진
행한다. 해당 카드사의 카드로만 결제가 가능하기 때문에 카드
사는 거래금액을 증대할 수 있는 이점이 있다. 또한  공연 관람
고객 대부분은 카드 소비금액이 높은 편에 속하는 VIP 고객이기
때문에 이들을 유치하기 위해 뮤지컬이나 전시 관람행사를 주기
적으로 제공한다.

　카드사 행사의 경우 티켓 할인 외에도 포토 존 이벤트, 럭키
드로우행운권 추첨, 간단한 음료 제공 등 부가적인 혜택이 많다. 1~2
개 카드사를 제외한 국내 대부분의 카드사에서 공연 관련 할인
혜택을 받을 수 있다. 참고로 통신사나 카드사의 할인 혜택은 티
켓 예매처가 아니라, 해당 통신사 멤버십 홈페이지나 카드사 홈
페이지에서 이용할 수 있다.

　마지막으로 각종 단체 관람과 티켓 예매처의 할인 이벤트를
이용하는 방법이 있다. 보통 3~4인 이상이면 10~20%의 할인
혜택을 받을 수 있고, 20인 이상이면 좀 더 큰 할인을 받을 수

있다. 공연은 보고 싶은데 혼자 보기가 어색하다면, 공연 관련 인터넷 동호회에 가입해 같이 관람하는 것도 좋다. 20인 이상 단체 관람 할인도 받고, 취미가 같은 사람들끼리 정보도 교환할 수 있다.

또한 공연 관련 주요 티켓 예매처인 인터파크의 '티켓 Hot sale!'이나, 예스24의 '엔젤티켓'을 이용하면 최대 80%의 할인 혜택을 받을 수 있다. 물론 언제 어떤 공연을 할인하는지 알 수 없다는 단점이 있지만, 공연을 좋아한다면 티켓 비용을 절약할 수 있는 꿀팁이다. 카카오톡의 공연 티켓 친구를 팔로잉하거나 공연 관련 앱을 다운받으면 실시간으로 할인 정보를 받아볼 수 있다.

이외에도 학생 할인, 국가유공자 할인, 문화의 날<sup>매월 마지막 주 수요일</sup> 할인 등 다양한 할인이 있다. 공연 티켓은 비행기 티켓과 마찬가지로 팔지 못하면 휴지조각에 불과하기 때문에 가격 변동이 심한 편이다. 그래서 발품을 많이 팔수록 알뜰하게 구매할 수 있으니, 성급하게 구매하기보다는 미리미리 알뜰하게 살펴보고 예약해 둘 것을 권한다.

# 5

## 광클릭?
## 피켓팅?

## 이제 나훈아 아저씨 공연 티케팅은 정말 피튀기겠다 ㅠㅠ

"약속 없으면 점심 같이 드실까요?"
"지금 할 일이 있어서, 나중에 먹을게요."
"급한 거 아니면 식사하고 하시죠."
"콜드플레이 슈퍼콘서트 티켓을 12시에 오픈해서, 지금 예매해야 해요."

점심식사를 하기 위해 사무실을 나서는데, 동료가 티켓을 예매해야 한다고 자리에 앉아 있었다. 같이 식사를 하려고 그녀가 티켓팅 마칠 때까지 옆에서 기다렸다.

그때까지 동료는 로그인도 못하고 있었다. 동시에 너무 많은 사람이 접속하다 보니 로그인도 잘 안 되는 것이었다. 겨우 겨우 로그인해서 좌석을 살펴보니 이미 전 좌석이 매진된 상태였다. 공연 관련 업무를 하고 있는 나는 익숙한 상황이지만 회사 동료는 처음 겪는 일에 아연실색했다. 아들이 보고 싶다고 해서 티켓을 사준다고 약속했는데 어찌해야 할지 모르겠다며 난감해 했다.

회사 동료가 겪은 일은 한 마디로 난관의 연속이었다. 회사 노트북은 보안 프로그램이 설치되어 있어서 속도가 굉장히 느렸다. 게다가 업무 관련 프로그램이 여러 개 띄워져 있었고, 그러다 보니 예매처 사이트에 로그인도 제대로 되지 않는 상황이었던 것이다. 대부분의 공연 티켓은 그런 환경에서도 웬만하면 구매할 수 있겠지만, 인기 공연의 경우는 다르다.

2019년에 방영되기 시작한 '미스트롯'과 그 뒤를 이은 '미스터트롯'의 인기는 하늘 높은 줄 모르고, 끝 모르는 듯 올라갔다. 특히 전국 투어 콘서트의 티켓은 전석 매진되었다. 인기 아이돌 그룹의 콘서트 티켓 역시 5~10분 사이에 매진되는 것이 보통이다. 뮤지컬 티켓 역시 출연 배우에 따라 순식간에 표가 매진된다. 접속량이 폭증하여 티켓 예매처의 서버가 다운되는 일이 비일비재하다.

트롯 열풍으로 이른바 '피켓팅'으로 불리는 피 터지는 티켓 예매에 아이돌 팬클럽 외에 어른들까지 가담하게 되었다. 빛의 속

티켓 오픈 공지 (인터파크 티켓)

도로 광클릭을 해도 성공하기 어렵다고 하는 것이 '피켓팅'이다. 주변에 오랫동안 뮤지컬 티켓을 예매하면서 갈고 닦은 실력으로 미스트롯 예매에 성공했다는 지인들이 있다. 오랜만에 부모님께 효도했다고 뿌듯해했다. 피켓팅에 성공하는 비법이 따로 있을까? 흔히들 말하는 성공 비법을 미리 알아두면 도움이 될 것이다.

국내 예매처 사이트는 여러 곳이 있는데, 각각 예매 절차가 조금씩 다르다. 여기서는 가장 많이 이용하고 있는 인터파크 티켓 사이트http://ticket.interpark.com를 기준으로 설명하고자 한다. 첫째, 예매하려는 티켓의 예매 사이트와 티켓 판매 일시를 정확히 파악해 둔다. 통상적으로 티켓 판매 오픈 시점으로부터 1~2주일 전쯤에 티켓 오픈 공지 게시판에서 판매 시점을 확인할 수 있다.

해당 예매처의 회원가입을 미리 해두는 것도 반드시 필요하다. 또한 해당 공연을 예매하기 위한 부가요건이 있다면 미리미리 준비해 두도록 한다. 예를 들어 카드사가 주최하는 공연의 경우 해당 카드사에서 발급한 카드로만 결제할 수 있는 경우가 대부분이다.

둘째, 해당 예매 사이트의 예매 절차를 익혀 둔다. 예매하는 과정은 예매처마다 각각 다르고, 생각보다 복잡하다. 로그인하고, 원하는 공연을 선택하고, 공연 일자와 공연 회차를 선택해야 한다. 그리고 몇 층에서 관람할지, 어떤 좌석 등급으로 관람할지도 정해야 한다. 티켓 수량과 수령 방법 등을 정하고 나면 이름과 생년월일, 연락처, 이메일 등 예매자 확인 정보를 입력하는 과정을 거쳐야 한다.

그 다음 결제방식<sup>신용카드, 무통장 입금 등</sup>과 결제수단<sup>카드 종류</sup>을 선택하고 나면, 취소 수수료 동의 및 개인정보 제3자 정보제공 동의를 한다. 그리고 결제하기를 클릭하는 순간 결제 관련 보안 프로그램을 설치하라고 팝업창이 뜬다. 이것을 미리 해놓지 않으면 예매 때 큰 낭패를 볼 수 있다. 팝업창 차단도 미리 해제해 놓아야 한다.

예매 테스트 때 예매한 표를 당일에 취소할 경우 예매 수수료나 취소 수수료가 부과되지 않기 때문에 테스트했다면 바로 취소하는 것이 좋다. 그리고 가능하다면 같은 공연장을 선택해서 예매해 보는 것이 좋다. 1만 석이 넘는 대형 공연장에서 공연하는 콘서트의 경우 좌석을 선택하는 방법도 다양하기 때문이다.

또한 결제방식에 무통장 입금이 있다면 무통장 입금을 선택하는 것이 좋다. 신용카드의 경우에는 카드번호를 입력하는 등의 절차를 거쳐야 하기 때문이다. 하지만 인기 공연의 경우 보통 무통장 입금 방식을 제외하는 경우가 많다. 무통장 입금 방식의 경우에는 보통 3일 내 입금하지 않을 경우 예매한 것이 취소 처리된다.

셋째, 예매 당일에는 최선의 인터넷 환경을 조성하는 것이 좋다. 속도가 빠른 PC방을 이용할 수 있다면 미리 찾아가 마우스와 키보드를 익숙하게 다룰 수 있도록 익혀 놓는 것이 좋다. 내가 아는 사람 중에는 자기 마우스와 키보드를 PC방에 챙겨가는 사람도 있다. PC방에 갈 수 없다면 개인 PC를 이용하되 예매처 사이트를 제외한 모든 프로그램을 미리 종료해 두는 것이 좋다. 그리고 모바일로 예매하는 것은 실패할 확률이 높다. 티켓 판매 오픈 시간 5분 전에는 로그인하고 대기하는 것이 좋다. 이때 브라우저는 크롬을 사용하는 것이 좋고, 동일한 예매 페이지를 3개의 탭에 열어 놓도록 한다.

넷째, 예매 페이지의 [예매하기]버튼이 [오픈예정]으로 되어 있다가 정확히 00초에 [예매하기]로 바뀐다. 이때 예매하기를 클릭하는 타이밍이 잘 맞아야 예매에 성공할 수 있다. 그래서 네이버 시계 기준으로 58초, 59초, 00초에 각각의 탭을 새로고침F5 버튼을 클릭한 후, [예매하기]버튼이 나오면 곧바로 클릭하면 된다.

그리고 사전 연습한 것처럼 날짜, 회차, 좌석 등급을 선택한다. 이때 다른 사람이 선택한 좌석을 선택하면 '이미 선택된 좌석입니다'이른바 '이선좌'라는 팝업창이 뜬다. 그럴 때는 재빨리 다른 자리를 선택해야 한다. 좌석 선택 때 너무 경쟁이 치열한 좋은 자리보다는 2층이나, 1층 사이드를 공략하는 것이 좋다. 그리고 한 자리를 선택하는 것은 그나마 쉽지만, 나란히 붙어 있는 두 자리를 연속으로 선택해서 성공하기는 정말 어렵다.

다섯째, 끝날 때까지 끝난 게 아니다. 좌석 선택까지 완료해
도 예매에 성공한 것이 결코 아니다. 티켓팅은 결제까지 완료되
지 않으면 언제든지 팅기는 상황이 발생하기 때문이다. 결제 단
계에서 페이지가 열리는 시간로딩 시간이 2분 이상 걸린다면 취소
하고 다시 시작하는 것이 좋다. 일명 '팅긴' 것이다. 예매가 완료
되었다는 페이지가 보이지 않으면 실패한 것이니 끝까지 매달려
서 마무리를 잘해야 한다.

예매처에서는 동시 접속자 폭증으로 인한 서버 다운과 같은
사태에 대비하여 장비도 확충하고, 낮시간이 아닌 밤에 티켓 판
매를 시작하기도 한다. 그렇게 해도 티켓 판매 오픈과 동시에 서
버가 다운되었다는 언론 기사를 심심치 않게 보게 된다. '피켓팅'
은 그만큼 치열하다.

이러한 점을 악용하는 사람들도 있다. '매크로'라는 프로그램
을 이용해서 티켓을 구매한 후 중고시장에서 프리미엄을 붙여서
고가에 티켓을 재판매하는 것이다. 건전한 공연문화 정착을 위
해서 이런 티켓은 구매하지 않는 것이 바람직하다.

# 제 3 장

# 이럴 땐, 이렇게!

# 1

## 환불이
## 안 된다구요?

# 손님,
# 여기서 이러시면 안됩니다~

MBC의 인기 예능프로 '놀면 뭐하니?'에 나오는 새로운 걸그룹 이름이 '환불 원정대'이다. 그 이름만 봐도 환불받기가 얼마나 어려운 일인지 짐작할 알 수 있다. 구매한 상품에 하자가 있거나 피치 못할 사정이 있을 경우에는 환불을 받을 수 있어야 한다. 그런데 원정 떠나는 것만큼 환불 과정이 어렵고 번거롭다는 의미일 듯하다.

여러 종류의 상품 중에서 항공, 숙박, 교통, 공연 등의 티켓은 상품 특성상 환불 규정이 매우 복잡하다. 소비자 입장에서는 무슨 종류의 티켓이든 환불을 받을 수 있어야 하는 게 당연하다고 생각한다. 하지만 상품의 특성을 고려해서 환불이 안 되는 경우도 더러 있다.

예를 들면, 아이와 함께 뮤지컬을 관람하러 갔는데 미취학 아동은 관람불가인 작품이라 아이는 관람할 수 없는 상황이 발생할 수 있다. 이 경우 아이의 티켓은 환불이 안 된다. 뿐만 아니라 아이가 못 보게 되어서 함께 간 아빠도 관람하지 못했다고 하더라도 아빠의 티켓 역시 환불이 안 된다. 소비자 입장에서 생각하

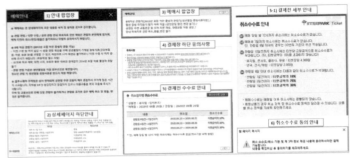

환불 관련 취소 수수료 안내 (인터파크티켓)

면 무척 억울한 일이다. 공연이 아직 시작되기 전에 일어난 일이고, 관람할 의사가 있음에도 불구하고 공연 관람 연령 제한 때문에 불가피하게 그렇게 된 상황이기 때문이다.

하지만 아무리 그렇더라도 공연 시작 시간이 지나고 나면 다시 판매할 수 없는 티켓 상품의 특성을 고려하면 공연기획사의 입장도 이해가 된다. 이러한 상황이 빈번하게 발생하다 보니 티켓 예매처에서는 보통 티켓 예매 때 취소 수수료를 읽고 동의해야만 예매할 수 있도록 해놓았다.

인터파크 티켓 사이트에서 뮤지컬 티켓을 예매해 보면 취소 수수료 관련 내용이 6번이나 언급된다. 마지막 부분에서는 취소 수수료 안내문에 동의하지 않으면 결제 진행이 더 이상 안 된다. 이렇게 많은 단계에 걸쳐 취소 수수료 관련 안내를 하는 것은 그만큼 환불 관련 문의가 많기 때문일 것이다. 실제로 문화생활을

**아는 척! 하기 딱 좋은 공연 이야기**

| 공연업 (영화 및 비디오물 상영업 제외) | | |
|---|---|---|
| 분쟁유형 | 해결기준 | 비고 |
| 1) 공연이 취소되거나 관람일이 연기되어 고객이 입장료의 환급을 요구할 때<br>– 공연업자의 귀책사유로 취소된 경우<br>– 천재지변 등 불가항력의 경우 | <br><br>• 입장료 환급 및 입장료의 10% 배상<br>• 입장료 환급 | * 관람권을 할인 판매한 경우에는 거래가격을 기준으로 하되, 이는 사업자가 입증함. |
| 2) 관객의 환급 요구 시<br>– 공연일 10일전까지<br>– 공연일 7일전까지<br>– 공연일 3일전까지<br>– 공연일 1일전까지<br>– 공연당일 공연시작 전까지<br>– 단, 공연 3일전까지는 예매 후 24시간 이내 취소 시 | <br>• 전액환급<br>• 10% 공제 후 환급<br>• 20% 공제 후 환급<br>• 30% 공제 후 환급<br>• 90% 공제 후 환급<br>• 전액환급(비영업일은 시간계산에서 제외) | |
| 3) 공연내용이 계약과 다른 경우 (중요 출연자 교체, 예정 공연시간 1/2이하 공연 등) | • 입장료 환급 및 입장료의 10% 배상 | |
| 4) 공연자에게 책임있는 사유로 인하여 공연이 30분 이상 지연된 경우<br>– 전체 공연 관람<br>– 공연 중단 | <br><br>• 입장료의 10% 환급<br>• 입장료 환급 및 입장료의 10% 배상 | |
| 5) 공연 입장권을 구입한자가 관람시간 표기 오류로 인하여 공연을 관람하지 못한 경우 | • 입장료 환급 및 입장료의 20% 배상 | |
| 6) 전염병, 전염성 독감 등과 같은 사유로 공연을 관람하지 못한 경우 | • 후일 공연기회 부여 또는 위약금 없이 취소 | * 공연은 실내공연에 한하며, 전염병, 전염성 독감 등은 소비자가 입증 |

소비자분쟁해결기준 – 개정 2019.04.03 공정거래위원회 고시 제2019-3호

즐기는 사람이 늘어나면서 관련 소비자 분쟁도 늘어난 것으로 나타났다. 이러한 분쟁은 한국소비자원에서 제시한 '소비자 분쟁 해결 기준'에 바탕을 두고 판단한다.

공연일 10일 전까지는 취소 수수료가 부과되지 않지만, 그 이후부터는 공연일까지 남은 기간을 고려하여 수수료가 부과된다. 그리고 공연 상품의 특성을 고려하여 주요 출연자가 교체되는 경우도 티켓 비용의 전액을 환불받을 수 있다. 공연업자의 귀책사유로 공연이 취소된 경우도 입장료 전액 환급 및 입장료의 10% 배상이 이루어진다.

만약 지방에 사는 소비자가 기차나 택시를 타고 서울의 공연장에 도착했는데, 공연이 시작되기 10분 전에 취소되었다면 어디까지 환불받을 수 있을까? 교통비를 지급받을 수 있을까? 이경우에도 입장료 환급과 입장료 10% 배상 이외에 교통비 등은 지급하지 않는다. 또한 공연장 대부분이 도심 지역에 있어서 교통체증이나 주차장 혼잡으로 인해 늦게 도착하는 경우에도 환불이 되지 않는다. 그렇기 때문에 혼잡이 예상되는 경우에는 대중교통을 이용하는 것을 권한다.

무엇보다도 티켓을 구매하기 전에 취소 조건과 환불 방법 등을 꼼꼼히 확인하는 것이 필요하다. 특히 연령 제한을 반드시 확인하고 예매하도록 한다. 대부분 8세 이상 관람 가능한 공연이지만 경우에 따라 13세 이상, 15세 이상 관람 가능한 공연도 있기 때문이다. 사정이 생겨 예매한 공연의 관람이 어려울 경우에는 가급적 미리 취소하는 것이 좋다. 취소 수수료 부담도 줄이고, 다른 소비자에게 관람의 기회가 대신 돌아가도록 하는 게 더 현명한 일이기 때문이다.

# 2

## 공연장에서 특별한 프러포즈를!

# 드라마 속 주인공처럼
# 프러포즈하고 싶다면~^^*

문화예술 분야에 종사하다 보니 가끔 관련 자료들을 살펴보게 된다. 문화체육관광부에서 발표한 2018년 문화 향수 실태조사에 따르면, 우리나라 국민의 지난 1년간 문화예술 행사 관람률은 81.5%로 2016년 78.3% 대비 3.2%가 증가한 것으로 나타났다. 2003년 62.4%에 비해서는 19.1%가 상승하여 80%대로 진입하였다. 한편 문화예술 행사 관람 횟수는 지난 1년간 평균 5.6회로 2016년 5.3회에 비해 0.3회 증가했다. 분야별로는 영화 관람률75.8%이 가장 높았고, 그 다음으로 대중음악·연예21.1%, 미술전시회15.3%, 연극14.4%, 뮤지컬13.0% 순으로 나타났다.

군이 정부의 발표자료를 보지 않더라도 문화생활이 점점 증가하고 있음은 피부로 느끼고 있다. 주 52시간제 시행으로 여가 시간이 늘며 문화생활에 대한 욕구가 점점 더 커지고 있다. 편하게 관람할 수 있는 영화 관람이 제일 큰 비중을 차지하고, 뮤지컬, 연극, 콘서트 등 공연이 차지하는 비중도 점차 늘고 있다. 공연을 관람하는 고객의 약 80%는 1년에 한 번 정도 보는 것으로 나타났다. 영화와 달리 공연은 티켓 가격이 비싸고, 관람 시간도

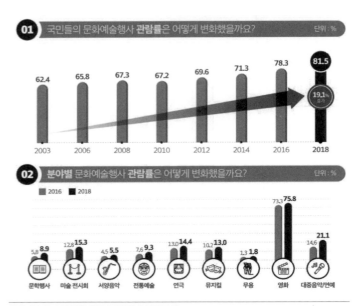

62.4　65.8　67.3　67.2　69.6　71.3　78.3　**81.5**

19.1% 증가

2003　2006　2008　2010　2012　2014　2016　**2018**

02 **분야별** 문화예술행사 **관람률**은 어떻게 변화했을까요? 단위 : %

■ 2016　■ 2018

73.3 **75.8**

**21.1**

5.8 **8.9**　12.8 **15.3**　4.5 **5.5**　7.6 **9.3**　13.0 **14.4**　10.2 **13.0**　1.3 **1.8**　14.6

문학행사　미술 전시회　서양음악　전통예술　연극　뮤지컬　무용　영화　대중음악/연예

문화예술행사 관람율 변화 (문화향수실태조사)

엄격히 정해져 있기 때문에 기념일처럼 특별한 날이라야 보는 사람이 많은 것으로 나타났다.

공연을 좋아해서 관람하는 사람들은 작품성, 캐스팅, 뮤지컬 넘버 등 다양한 요소를 고려하여 선택하는 반면, 특별한 날을 기념하기 위해 관람하는 이들은 기념일과 잘 어울리는 작품 선택을 하기 위해 고심한다. 예를 들어 어버이날이나 부모님 생일 선물로는 디너쇼나 트롯 공연을 제일 많이 선택한다. 실제로 최근 TV에서 인기리에 방영 중인 미스터트롯 콘서트 티켓은 예매 시작 10분 만에 전석 매진되었다고 한다. 부모님 세대를 위한 선물로는 최고로 치는 것 같다. 이렇듯 기념일이나 특별한 날을 더 빛내 줄 수 있는 것이 공연 선물이다. 공연 티켓 선물을 위한 팁으로는 어떤게 있을지 살펴보자.

아이들의 생일이나 어린이날 선물로는 아이들이 좋아하는 캐릭터 공연이 최고의 인기다. '번개맨', '시크릿 쥬쥬', '꼬마버스 타요', '로보카 폴리' 등 캐릭터 뮤지컬이 최고의 선물로 각광받고 있다. 캐릭터 뮤지컬을 시시하다고 생각하는 연령대 아이들에게는 '앤서니 브라운', '구름빵', '알사탕' 같은 동화나 그림책을 바탕으로 한 뮤지컬도 인기가 많다. '공룡 체험전' 같은 체험전도 좋은 선물이다.

초등학교 저학년만 되어도 앞에 추천한 작품들을 시시하다고 느끼기 때문에 '디즈니 인 콘서트', '해설이 있는 음악회'처럼 유명한 애니메이션 OST를 해설과 함께 제공하는 공연이 추천할 만하다. 온 가족이 즐길 수 있는 프로그램이라고 생각된다. 초등학교 고학년부터 중고등학생이라면 개인의 취향이 확고한 시기이기 때문에 아이들의 취향을 존중해 주는 게 좋다. 좋아하는 아이돌 콘서트 티켓이라면 최고의 선물이 될 것이다.

아이돌에 관심이 없는 아이들의 경우에는 어른들이 보고 싶은 공연을 함께 즐기도록 하는 것도 좋은 방법이다. 공연을 관람한 후에 아이들과 부모가 함께 감상을 공유할 수 있는 좋은 소재가 되기 때문이다.

20~30대에는 주로 이성 친구와의 기념일 이벤트 선물이 고민거리이다. 연인이나 친구를 위한 공연은 생각보다 많기 때문에 어렵지 않게 선택할 수 있다. 다만 사전에 작품의 줄거리나 후기 정도는 살펴보고 예매할 것을 권한다. 유명한 작품을 어렵게 예매했는데 예상했던 작품이 아닐 수도 있기 때문이다. 예를 들면, 뮤지컬 '오페라의 유령'과 뮤지컬 '팬텀'은 모두 인기 있는 작품이며, 가스통 르루의 원작 소설을 바탕으로 했지만, 서로 다른 작품이다. 공연장 천정에서 떨어지는 샹들리에를 보고 싶다면 뮤지컬 '오페라의 유령'을 예매해야 하고, '오페라의 유령'의 숨겨진 이야기를 알고 싶다면 뮤지컬 '팬텀'을 예매해야 한다.

그리고 만난 지 얼마 되지 않았거나, 공연 관람이 입문 단계라면 마니아들이 즐겨 보는 작품보다는 스테디 셀러나 로맨틱 코미디처럼 쉽게 다가갈 수 있는 작품을 추천한다. 예를 들어 뮤지컬 '스위니 토드'는 작품성과 흥행성 모두 인정받은 작품이지만, 살인과 식인이 난무하는 작품이다. 잔인한 장면이 많이 나오기 때문에 사전에 작품 내용을 충분히 파악한 다음 관람 여부를 결정하도록 해야 한다.

40~50대를 위한 맞춤형 공연은 재미있는 선택이 가능하다. 딸이 엄마와 같이 본다면 뮤지컬 '맘마미아'나 '친정엄마'처럼 이

야기가 엄마와 딸을 중심으로 펼쳐지기 때문에 쉽게 공감대가 형성되는 작품이 좋다. 남편이 아내를 위한 선물을 준비한다면 뮤지컬 '미스터 쇼'와 같이 색다른 공연도 재밌다. 다만 남자는 관람이 불가능하며, 만19세 이상만 관람이 가능한 공연이기 때문에 아내와 아내 친구들을 위한 선물로 만족해야 한다는 점을 알아야 한다.

온 가족이 같이 즐길 공연을 찾는다면 뮤지컬 외에도 '태양의 서커스'처럼 이국적인 느낌의 쇼도 추천할 만하다. 상설 공연장이 아니라 잠실종합운동장 내에 설치된 빅탑씨어터텐트 극장에서 공연하기 때문에 주차 문제가 있고, 야외 화장실을 이용해야 하는 등의 불편함을 감수해야 한다. 뒤늦게 가족들의 원성을 사지 않으려면 사전 정보를 파악해 두는 것이 필수적이다.

60~70대를 위한 공연으로는 앞서 언급했던 디너쇼나 트롯 공연 외에도 7080 콘서트나 역사극이 인기가 많다. 뮤지컬 '영웅', '여명의 눈동자'와 같은 역사극도 어른들에게 인기가 많고, 영화 '보디 가드'를 무대로 옮긴 뮤지컬 '보디 가드'나 '오, 캐롤!'과 같은 주크박스 뮤지컬은 귀에 익숙한 노래로 만들어졌기 때문에 옛 추억을 떠올릴 수 있게 해주는 특별한 선물이 될 것이다. 5월 어버이날 시즌이면 장충체육관에서 공연하는 마당놀이극과 국립극장이나 정동극장에서 진행하는 판소리 공연도 온 가족이

같이 관람하기에 좋은 공연이다.

선물 받을 분들의 취향을 고려하여 선택하되 작품의 줄거리, 출연진, 예매 후기 등을 꼼꼼히 살펴보고 예매한다면 대체적으로 만족할 것으로 생각한다. 추가로 공연장 내에 준비된 포토존, 기념품, 이벤트나 주차장, 공연장 인근의 맛집 등에 정보를 사전에 파악해 둘 것을 권한다. 이런 공연 외적인 요소도 고려한다면 200% 이상 즐거운 추억을 만들 수 있을 것이다.

즐거운 공연 관람과 함께 특별한 추억거리도 얻는다면 최고의 선물이 될 것이다. 드라마나 영화에서 연인에게 프러포즈하는 장면을 보면 매우 로맨틱하다는 생각이 든다. 특히 결혼을 앞둔 연인들은 어떻게 하면 기억에 남을 만한 프러포즈를 할까 고민하게 된다. 공연장에서의 프러포즈 이벤트라면 기억에 남지 않을까? 특별한 프러포즈를 계획하다가 공연장에서 프러포즈하고 싶다면서 문의하는 사람들이 더러 있다. 실제로 공연장은 연인들이 많이 찾는 곳이기도 하지만, 공연장은 어디까지나 공연을 관람하는 곳이다. 그렇다면 정말로 공연장에서의 프러포즈가 가능할까? 가능하다면 어디에 문의해야 할까?

관객이 무대에 참여할 수 있는 공연부터 먼저 알아보자. 일반적인 뮤지컬이나 연극은 무대 위에서 배우가 연기하고, 관객은 객석에서 박수로 답례하면서 즐긴다. 즉, 관객이 무대에 등장하는 일이 없다. 그러나 요즘은 관객 참여형 공연이 늘어나는 추세이다. 관객들이 범인을 잡는 추리 형태의 연극 '쉬어 매드니스'가 대표적이다. 대학로에서 공연한다. 관객이 참여하기 때문에 결말이 달라지기도 하고, 다른 결말이 알고 싶어 재관람하고 싶은 생각이 들도록 만드는 작품이다.

최근에 선풍적으로 인기를 얻고 있는 '이머시브'immersive 공연도 추천할 만하다. 이머시브 공연은 공연장에서 벗어나 새로운 공간에서 관객과 배우가 직접 소통하며 현장성과 즉흥성을 추구하는 관객 참여형 공연이다. 예를 들어, 공연을 관람하는 도중에 배우에게 이끌려 둘만의 은밀한 공간에서 배우가 건네는 차를 마시기도 한다. 그렇다면 이런 관객 참여형 공연에서 무작정 프러포즈를 하면 되는 것일까? 아쉽지만, 그건 곤란하다.

공연장에서 프러포즈하는 방법에는 여러 가지가 있겠지만, 공

크리스마스 이벤트
('난타' 홈페이지)

프러포즈 이벤트
('김종욱 찾기' 예매
페이지)

연 무대 위에서 프러포즈할 수 있는 방법은 크게 두 가지가 있
다. 첫 번째는 이벤트 업체 등을 통해 공연장을 대관하는 방법이
다. 물론 많은 비용이 들어간다. 대부분은 이렇게 프러포즈하는
것을 원하지는 않을 것이다. 두 번째는 프러포즈 이벤트를 진행
하는 작품에 참여하는 것이다. 내게 문의했던 지인들이 원한 방
법이기도 하다.

　'난타'의 경우 크리스마스이브에 공연이 끝난 뒤 프러포즈할
수 있는 이벤트를 진행했다. 크리스마스 외에도 발렌타인데이,
화이트데이 등 특별한 기념일에는 연극, 뮤지컬, 콘서트 등 많은
공연이 프러포즈 이벤트를 진행하고 있다. 이를 잘 활용하면 평
생 잊지 못할 프러포즈를 할 수 있다. 다만 이벤트에 당첨되어야
참여할 수 있기 때문에 높은 경쟁률이라는 벽을 넘어야 한다.

　먼저 이벤트에 당첨되는 행운을 누려야 가능한 일이다. 많은

아는 척! 하기 딱 좋은 공연 이야기

사람들이 함께 기념하는 것보다 나만의 특별한 기념일에 프러포즈하고 싶다면 뮤지컬 '김종욱 찾기'와 같은 로맨틱 코미디 공연을 찾아보는 것도 좋다. 작품 내용이 사랑에 관한 내용이기 때문에 어색하지 않을 뿐만 아니라 프러포즈 티켓을 구매하면 원하는 날짜에 특별한 프러포즈할 수 있기 때문이다.

최현우 마술사의 마술 공연은 공연 한 회마다 한 커플씩 무료로 초대하여 프러포즈할 수 있는 이벤트를 진행했다. 그 어떤 순간보다 떨리는 것이 사랑에 대한 고백이지만, 마술의 힘을 빌린다면 더 특별한 프러포즈를 완성시켜 줄 것이다.

그런데 아무리 검색해 봐도 프러포즈 이벤트를 할 수 있는 공연이 없다면 어떻게 할 것인가? 그렇다고 크리스마스나 연말이

프러포즈 이벤트
('최현우 마술쇼'
예매 페이지)

오기까지 기다릴 수는 없지 않은가? 그럴 경우에는 자신이 직접 이벤트를 기획해 보자. 우선 인터파크 티켓 같은 티켓 예매 사이트에서 보고 싶은 공연을 고른다. 이때 라이센스 공연이나 내한 공연은 가급적 피하는 것이 좋다. 원작자의 허가를 받아야 하는 번거로운 절차가 남아 있기 때문이다.

대학로에서 공연하는 로맨틱 코미디 작품 중에서 선택하는 것을 추천한다. 사랑에 관한 즐거운 이야기는 여러분의 긴장을 풀어줄 것이다. 다음으로 해당 공연의 제작사에 전화해 보자. (공연 예매 페이지 하단에 있는 고객문의 전화번호가 보통 제작사의 전화번호이다.)

열성적인 공연 마케팅 담당자라면 공연에 대한 입소문을 위해서 이런 요청을 거절하지 않을 것이다. 제작사 담당자와 공연을 방해하지 않는 범위 안에서 프러포즈할 수 있는 방법에 대해 협의하면 된다. 마지막으로 준비해야 할 것은 프러포즈에 필요한 꽃과 사랑 고백이다. 일생일대 최고의 프러포즈를 기대하고 있는 연인의 눈동자를 언제까지 모른 체할 것인가?

이제 여러분 인생에서 가장 멋진 공연을 준비해 보자. 다만 프러포즈를 받을 상대방이 공개적인 프러포즈를 싫어할 수도 있으니 세심한 방법으로 상대의 의중을 미리 알아보는 것이 좋다.

**아는 척! 하기 딱 좋은 공연 이야기**

# 3

## 외국인 친구나 바이어에게 어떤 공연을 보여주면 좋을까?

# 내한공연을 보며
# 같이 떼창을 즐겨보자!!!


요즘 TV를 보면 외국인의 한국 여행을 다루거나, 반대로 우리나라 연예인의 외국 체험기를 다루는 프로그램이 많다. 지구촌 시대라는 말을 부쩍 실감하게 된다. 더구나 방탄소년단의 그래미상 수상과 영화 '기생충'의 오스카 4관왕 수상 등 한류 콘텐츠가 그 어느 때보다 세계 무대에서 각광받고 있다. 업무적으로 외국인과 미팅하는 일이 많아졌고, 부업으로 외국인 관광객 대상 가이드를 하는 사람도 많다고 한다.

이러한 분위기는 문화계에도 많은 변화를 불러일으키고 있다. 티켓 예매처들은 외국 팬을 위한 인기 아이돌 공연 티켓 예매 시스템을 구축해 두고 있다. 또한 부산 국제영화제BIFF나 대구 국제뮤지컬 페스티벌DIMF을 비롯한 많은 국제 행사가 열리고 있다.

외국인 친구나 손님과 함께 즐길 수 있는 공연을 소개해 달라는 요청을 심심치 않게 받는다. 이럴 때면 문화 현장의 달라진 분위기를 실감하게 된다. 그런 요청을 받으면 제일 먼저 떠오르는 작품이 '난타' 공연인데, 이미 보았으니 다른 작품을 소개해 달라는 경우도 더러 있다. 공연계에서 일하는 사람들도 이런 질문을 받으면 선뜻 답하기가 어려울 때가 있다. 나도 그런 경험이 있다. 외국인 친구나 손님과 함께 즐길 수 있는 공연으로 어떤 작품들이 좋을까.

난타

앞서 언급한 '난타'의 경우는 언어의 장벽이 없는 비언어극인 넌버벌Non-Verbal 공연이기 때문에 외국인들도 많이 좋아한다. 무엇보다 한국 전통음악인 사물놀이를 주방기구를 이용해 현대적으로 풀어냈기 때문에 1997년 초연 이후 지금까지 20년 이상 많은 사랑을 받고 있다. 1999년 영국 에든버러 페스티벌 프린지Edinburgh Festival Fringe에 참가하여 전회 매진되는 기록도 갖고 있다. 전 세계 58개국 317개 도시에서 총 4만 4,000회 넘게 공연했고, 1,300만 명 넘는 사람이 관람한 기록을 세웠다. 지금까지도 새로운 기록을 계속 갈아치우고 있는 작품이다.

높은 인기를 증명하듯 서울 명동을 포함해 충무로, 홍대, 제주에도 난타 전용극장이 있어서 비교적 편하게 관람할 수 있다. 갑작스러운 결혼식 파티를 준비하면서 벌어지는 이야기를 화려한 퍼포먼스와 함께 유쾌하게 풀어낸다. 특히 관객이 직접 쇼에 참

점프

여할 수 있다는 점이 '난타'의 또 다른 매력이다. 관객들이 전통 혼례의 신랑 신부가 되기도 하고, 만두 쌓기 게임을 할 때는 관객이 아닌 진짜 배우가 된 기분을 맛볼 수 있다. 함께 간 친구가 무대에 오르기도 하는데, 그런 장면을 보면 짜릿한 흥분을 맛보게 될 것이다.

'난타' 외에도 많은 작품이 국내외에서 높은 평가를 받고 있다. 뮤지컬 '점프' 역시 전 세계 90여 개국 150여 개 도시에서 600만 명이 넘는 관객이 관람한 대표적인 비언어극이다. 화려한 마샬아트와 아크로바틱이 극적인 드라마의 재미를 더했다. 무술 고수 가족의 집에 엉뚱하고 귀여운 도둑이 들어와서 벌어지는 해프닝을 대사 없이 생생한 액션과 절묘한 코믹 연기로 표현한 작품으로 남녀노소 누구나 쉽게 즐길 수 있는 장점을 갖고 있다.

언어의 장벽이 없기 때문에 외국 관광객들에게는 인기 관광상품으로 자리매김했다. '난타', '점프' 외에도 뮤지컬 '판타스틱', '셰프'예전의 '비밥', '드로잉 쇼', '비보이를 사랑한 발레리나', '페인터즈 히어로' 등 다양한 작품들이 많은 사랑을 받고 있다. 이 작품들은 한국의 전통음악인 국악은 물론이고, 비보잉이나 비트박스, 마술 등을 접목하여 외국 관광객들이 쉽게 즐길 수 있도록 했다.

비언어극 외에 외국 관광객들에게 추천할 만한 또 다른 콘텐츠는 없을까? 한국의 전통문화 위주로 소개하고 싶다면 남산 한옥마을 안에 위치한 코리아하우스를 추천한다. 오고무, 부채춤 등 다양한 전통예술 공연뿐만 아니라, 김치, 모둠전, 막걸리 등 우리의 음식을 직접 체험할 수 있는 프로그램이 있고, 실제로 진행되는 전통 혼례를 관람할 수도 있다. 이곳은 궁중 한정식을 비롯한 다양한 우리의 전통음식을 대접할 수 있는 곳이기도 하다. 정동극장 역시 수준 높은 한국 전통 공연을 제공하는 곳이다. 정기적으로 다양한 작품을 공연하고 있으며, 서울 외에 경주에도 정동극장이 있다. 경주 지역 인근에 가게 된다면 가족, 친지는 물론, 외국 방문객이 함께 즐기기에 더없이 좋을 것이다.

관광 목적으로 방문한 외국인이 아니라 한국에 거주하고 있는 외국인이라면 어떤 작품을 소개해 주면 좋을까? 의외로 답은 간단한 곳에 있다. 내한 공연을 보면 된다. 우리는 자막을 통해 스토리를 이해해야 하지만 영어가 익숙한 외국인들에게 내한 공연은 자막 없이 편하게 즐길 수 있는 공연이다. 예를 들면, 뮤지컬 '오페라의 유령', '레미제라블', '캣츠' 등 전 세계적으로 유명한 작품의 내한 공연이나, 세계적인 가수의 내한 공연을 같이 즐기면 된다.

우리나라 팬들의 '떼창'은 이미 세계적으로도 유명하다. 열성적으로 즐기는 한국의 공연 문화를 접한 많은 세계적인 유명 아티스트들이 한국에서 공연을 하고 싶어 한다. 내한 공연을 즐기고, 서울 시내에 있는 광장시장에 들러 맛있는 음식을 먹는다면 무척 좋아할 것이다.

뉴욕에 브로드웨이, 런던에 웨스트엔드가 있다면, 서울에는 대학로가 있다. 대학로에는 150여 개의 중소극장이 밀집해 있어 상시 다양한 공연들이 펼쳐지고 있다. 2017년부터 시작된 '웰컴 대학로' 축제는 넌버벌 공연, 전통 공연 외에도 뮤지컬, 연극 등 다양한 우리 공연을 만날 수 있는 인기 페스티벌이다. 매년 가을 개최되며, 다양한 갈라쇼, 한류스타와 함께하는 팬미팅, 토크쇼 등 다채로운 프로그램으로 구성된다. 특히 외국어 자막 공연은 인기 공연을 외국인들과 함께 즐길 수 있도록 해준다.

뮤지컬 '김종욱 찾기', '사랑은 비를 타고', '빨래' 등 오랫동안 사랑받고 있는 인기 뮤지컬들을 영어, 중국어, 일본어 등 자막을 통해 여러 국적의 외국인들이 함께 모여 편하게 관람할 수 있도록 해준다. 대학로 마로니에 공원 특설무대와 대학로 곳곳에서 무료로 즐길 수 있는 야외 퍼포먼스도 많다. 많은 젊은이들이 가을이 오면 대학로에 모여서 외국인 친구들과 기억에 오래 남을 멋진 추억을 만들 수 있었으면 좋겠다.

아는 척! 하기 딱 좋은 공연 이야기

# 4

## 해외여행, 이젠 공연도 즐기자!

타임스퀘어 부근의 tkts 부스 (위키피디아)

코로나-19 팬데믹이 시작되기 전까지는 사람들이 해외여행을 많이 다녔다. 금요일 오후에 출발하여 월요일 새벽에 돌아오는 일본, 중국, 동남아 여행도 인기가 많았다. 여행에 대한 수요가 늘며 저가항공이나 반짝 세일 등으로 비교적 싼 비행기 티켓도 쉽게 구할 수가 있게 되었다.

해외여행이 보편화 되면서 해외에서 즐기는 방식에도 변화가 생기기 시작했다. 예전에는 단기간에 유럽의 명소를 두루 여행하는 방식이 많았다. 그러던 것이 특정 지역에 머물면서, 그 지역의 구석구석을 깊이 있게 체험하는 여행 패턴이 인기를 끌기 시작했다. 그러면서 TV나 SNS에서 많이 알려진 유명 맛집이나 관광명소뿐만 아니라, 다양한 즐길거리를 찾게 되었다. 유럽의 프로축구 프리미어 경기를 직접 관람한다거나, 모스크바 국립 발레단의 발레 공연을 관람하는 식이다. 미국의 브로드웨이나 영국의 웨스트엔드에서는 뮤지컬 관람이 여행객이 반드시 찾는 인기 코스가 되었다.

　동료 직원이 웨스트엔드에 가면 어떤 공연을 보는 게 좋을지 추천해 달라고 한 적이 있다. 당시 한국에서 공연하지 않은 작품인 뮤지컬 '마틸다'를 추천해 주었다. 그 동료는 여행 일정과 가격을 고려해 해외 예매 사이트에서 공연 티켓을 어렵지 않게 예매했다. 예매하기 전에는 모르는 용어도 많고, 티켓값도 생각보다 비싸 손에 떨리기도 하겠지만, 막상 해보면 별일 아니란 생각이 들 것이다. 출국 전에 시간을 내서 공연 티켓을 미리 예약해도 되고, 당일 공연장에서 할인 티켓을 구매하는 것도 여행의 재미를 더할 수 있다. 해외에서 공연을 즐기는 방법을 알기 쉽게 정리해 보자.

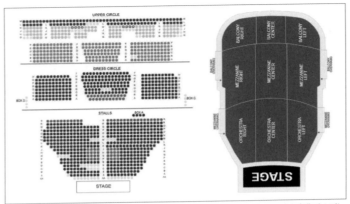

좌석 등급(왼쪽: 런던 Cambridge Theatre 오른쪽: 뉴욕 St. James Theatre) (티켓 마스터)

우선 예매 사이트를 살펴보자. 일반적으로 티켓마스터www.
ticketmaster.com를 많이 이용한다. 전 세계적으로 유명한 공연의
티켓 예매가 이곳에서 가능하다. BTS 팬들은 BTS 월드투어 티
켓 예매를 위해 접속해 본 사람이 많을 것이다. 사이트는 영어로
되어 있지만 예매 프로세스는 국내 예매처와 크게 다르지 않기
때문에 별로 어려움이 없을 것이다. 또한 인터넷 검색을 통해 회
원 가입부터 예매 방법까지 쉽게 알 수 있다. 웨스트엔드나 브로
드웨이의 경우 한국 관객을 위해 한글이 지원되는 예매 사이트
도 많이 있다.

원하는 공연 티켓을 싸게 구매할 수 있다면 더 즐거운 여행이
될 것이다. 인터넷으로 예매할 때 쎄일Sale이나 핫티켓hot Tickets

아는 척! 하기 딱 좋은 공연 이야기

등을 통해서 싼값에 티켓을 살 수 있다. 런던의 경우 데이 시트Day Seat를 이용하면 당일 티켓을 싸게 이용할 수 있다. 다만 아침부터 줄을 서야 한다는 점과 표가 있을지 없을지 모른다는 단점이 있다. 브로드웨이의 경우에는 러시 티켓Rush Ticket을 이용하면 좋다. 데이 시트처럼 잔여 좌석을 싸게 파는 방식이다. 이 경우에도 값이 싸지만 티켓이 없을 수 있다는 단점이 있다. 20%~50% 정도의 할인된 금액으로 판매하는 tkts 부스를 이용하는 것도 좋은 방법이다.

좌석 등급에 대해 알아보자. 한국의 좌석 등급과는 명칭이 다르기 때문에 자칫 엉뚱한 위치의 좌석에서 보게 될 수도 있다. 스톨Stalls은 오케스트라 스톨Orchestra Stalls을 줄여서 부르는 말로, 객석의 1층 또는 2층의 앞쪽 좌석을 말한다. 드레스 서클Dress Circle, 혹은 로열 서클Royal Circle은 스톨보다 한 층 위 객석의 좌석으로 우리의 2층 정면에 위치한다. 어퍼 서클Upper Circle, 또는 그랜드 서클Grand Circle은 2층 뒤쪽 좌석이나 3층 좌석을 말한다. 발코니Balcony는 어퍼 서클보다 위에 위치한 좌석으로 극장에서 제일 값이 싼 곳이다.

브로드웨이 공연장의 경우 오케스트라Orchestra, 메자닌Mezzanine으로 구분하기도 한다. 오케스트라 자리는 음향이 잘 들리는 1층 좌석을 말하며, 메자닌은 2층 좌석을 말한다. 같은 등급 내에서 무대를 바라본 상태에서 좌우측을 레프트<sup>Left</sup>, 라이트<sup>Right</sup>로 구분하기도 한다. 또한 앞좌석을 프론트<sup>Front</sup>, 중간 좌석을 미드<sup>Mid</sup>, 뒷좌석을 리어<sup>Rear</sup>로 구분한다. 그 밖에 RV<sup>Restricted View</sup>는 시야를 일부 가리는 좌석을 말한다.

몇 년 전 독일 출장 때 뮤지컬 '엘리자벳'<sup>Elizabeth</sup>을 관람했다. 브로드웨이나 웨스트엔드의 경우 공연 관람객의 대부분이 관광객이지만, 그곳은 현지인 관객이 훨씬 많았다. 영어권이 아니어도 의사소통이나 관람에는 무리가 없었다. 오히려 외지인을 반겨준 덕분에 좋은 추억도 만들었다. 그 일을 계기로 해외에 방문할 기회가 생기면 가능한 한 현지 공연을 관람하려고 한다. 다양한 예술도 즐기고, 현지인들과 공감하는 폭이 넓어지기 때문이다. 여러분도 해외여행을 나가면 가능한 한 시간을 내서 그 지역의 공연장에 찾아가 볼 것을 권한다.

# 5

## 아이들과
## 재밌게 즐기는
## Tip!

## 잔소리로 아이들의 휴식시간을 강탈하지 말자.

"얘야, 공연 재밌니? 무섭지 않아?"

"하나도 안 무서워요, 엄청 재밌어요!"

"아이들이 재미없어할까 봐 우리만 보러 왔는데, 다음부터는 아이들도 같이 와야겠네."

아이와 함께 뮤지컬 '지킬 앤 하이드'를 보러 갔을 때의 일이다. 1막이 끝나고 1막과 2막 사이의 쉬는 시간인 인터미션 때 뒷줄에서 관람하시던 분이 우리 아이와 주고받은 내용이다. 많은 부모들이 이런 고민을 할 것이다.

아이가 어릴 때는 아이들이 좋아하는 캐릭터 뮤지컬을 보러 간다. 아이들은 좋아하지만 부모들은 대부분 그저 아이에게 보여준다는 생각만 하고 간다. 아이는 초등학생이 되면 캐릭터 뮤지컬은 시시하다고 싫어한다. 고민 끝에 4대 뮤지컬과 같은 대극장 공연이나, 대학로 소극장 공연을 보러 간다. 이번에는 아이가 공연을 지루해한다.

어떻게 하면 온 가족이 재미있게 공연을 즐길 수 있을까? 과연 아이들은 두 시간 정도의 공연을 얌전하게 앉아서 관람할 수 있을까? 중간에 집에 가자고 조르는 것은 아닐까? 괜히 비싼 티켓만 버리는 것은 아닐까? 이런저런 이유로 망설이는 분들을 위해 아이들과 함께 재미있게 공연을 즐기는 팁을 다음과 같이 소개한다.

'지킬 앤 하이드' (인터파크 티켓)

왜 아이들은 어른들이 보는 공연을 지루하다고 할까? 실제로 아이들이 지루해하는 것은 공연이 아니라 공연을 보고 오는 과정 때문이다. 대부분의 경우 아이들은 출연하는 배우, 줄거리, 인상적인 부분 등 공연에 대한 정보는 거의 모르는 상태에서 '떠들면 안 돼!'와 같은 어른들의 잔소리만 듣는다. 그러다 보니 공연장에 가는 것 자체가 싫은 것이다.

아이들과 재밌게 보는 공연을 즐기는 방법은 의외로 간단하다. 결혼 전에 연인과 공연장 데이트를 즐길 때처럼, 아이와 눈높이를 맞춰 가면서 즐기는 것이다. 우선 같이 보고 싶은 공연을 고를 때 아이의 참여도를 높인다. 무작정 '저 작품 엄청 유명한 거야, 그러니까 이번 주말에 같이 보러 가자.'라는 식으로 일방적으로 말하면 아이 입장에서는 자기 의사와 무관하게 휴일을 빼앗기는 것과 다를 바 없다.

가능하면 아이가 먼저 보고 싶어 하는 공연을 보도록 한다. 그래서 나는 그렇게 하려고 노력했다. TV 예능 프로그램 출연자가 '지금 이 순간'을 부르는 장면을 아이가 재미있게 보길래, 뮤지컬 '지킬 앤 하이드'에 나오는 노래라고 알려주었다. 그랬더니 아이도 『지킬박사와 하이드』라는 책을 읽었는데 혹시 그 책과 같은 내용이냐고 물었다. 그래서 인터넷 포털 사이트에서 검색한 동영상을 몇 개 보여주었더니, 자기도 보고 싶다는 것이었다. 그 말을 듣고 나는 바로 티켓을 예매했다.

티켓을 예매한 다음에는 공연장의 주차 여건을 살펴본다. 대중교통을 이용하면 제일 좋겠지만, 아이들과 같이 움직일 때는 차량을 이용하는 편이 여러 면에서 편리하다. 다만 대공연장은 대부분 주차장을 갖추고 있지만, 교통체증을 예상하고 여유 있게 출발하도록 한다. 공연장 주변의 맛집도 미리 알아둔다. 주말 낮 공연은 보통 오후 2시, 저녁 공연은 6~7시에 시작한다. 평일 저녁 공연은 8시쯤 시작하기 때문에 공연 시작 전에 함께 식사를 하고 갈 수 있도록 미리 맛집을 알아두면 좋다.

그리고 샤롯데씨어터, 디큐브아트센터처럼 쇼핑몰과 인접해 있는 공연장은 주차장 동선이 매우 복잡하다. 공연장으로 바로 이어지는 주차장 구역을 미리 검색해두면 편리하게 이용할 수 있다. 예를 들어, 롯데월드 타워에 있는 롯데 콘서트홀의 경우, 전용 엘리베이터와 가까운 주차구역을 알아두면 이동시간을 줄일 수 있다.

평일에는 좀처럼 시간을 내기가 어렵고 공연이 끝나면 밤 10시 30분이 넘기 때문에 우리 가족은 주로 주말 낮 2시 공연을 예매한다. 그리고 공연 관람일 전에는 아이와 관람할 공연의 뮤지컬 넘버를 찾아서 듣는다. 예매처나 공연 홈페이지에서 시놉시스를 찾아보거나 출연진 정보를 같이 찾기도 한다. 공연 관람 당일에는 조금 일찍 공연장으로 출발한다. 뮤지컬 넘버를 들으며 공연장에 12시 30분쯤 도착하도록 시간 계획을 짜면, 조금 이른 시간이기 때문에 차도 안 막히고 주차하기도 매우 편하다. 보통 공연 시간 1시간 30분 전부터 티켓을 나눠 주기 때문에 이 시간에 맞춰 도착하는 것이다.

도착하면 곧바로 티켓 매표소에서 예매한 티켓을 찾고, 프로그램 북을 산다. 프로그램 북이 없는 공연의 경우는 공연 설명이 나온 리플릿을 챙겨둔다. 공연 개막 초기에는 프로그램 북이 없는 경우가 많다. 의상을 입고 무대에서 공연한 사진을 넣어 제작하려면 최소 1주일 정도 걸리기 때문이다. 이 기간에는 이전 공연의 프로그램 북이나 미니 프로그램 북을 싼값에 판매하기도 한다.

공연 시작 전 공연장 로비에 있는 포토 존과 당일 출연하는 배우들의 사진이 설치되어 있는 캐스팅 보드 앞에서 실컷 인증 샷을 찍는다. 보통 관객들은 공연 시작 30분 전쯤에 몰려오기 때문에 그때는 줄 서서 기다리는 시간이 많다. 그래서 내 경우에는 미리 점찍어둔 식당으로 걸어서 이동하면 1시쯤 된다. 음식을 주문하고 프로그램 북을 살펴본다. 스토리를 읽어보고 출연진에 대한 정보도 살펴본다. 그리고 각 장면별 사진을 미리 봐두는 것도 좋다.

아이들이 두 시간 넘게 걸리는 공연에 계속 집중하기는 어렵다. 하지만 프로그램 북에서 본 장면이 무대 위에 펼쳐지면 너무 재미있게 집중해서 본다. 그리고 뮤지컬 넘버도 미리 찾아본다. 20여 곡의 노래 중에서 들어본 노래 제목을 찾아보는 것도 좋다. 뮤지컬의 경우에는 주로 노래를 통해 이야기가 진행되기 때문에 작품의 줄거리와 노래의 내용을 미리 알아두는 것이 작품을 이해하는 데 도움이 된다. 그렇게 작품에 대한 이야기를 하다 보면 음식을 기다리는 시간도 지겹지 않다. 그리고 식사를 마치고 나면 식당 화장실을 이용하는 것이 좋다. 공연장 화장실은 기다리는 사람이 너무 많기 때문이다.

식사를 마치고 공연 시작 10분 전까지 공연장에 도착한다. 그리고 곧바로 객석과 가까운 입구로 입장하면 된다. 보통 공연장 안내원인 어셔가 아이의 나이를 확인한다. 주로 어디 초등학교 몇 학년 몇 반이냐고 친근하게 물어본다. 만일을 대비해 건강보험증 같은 아이의 생년월일을 확인할 수 있는 서류를 가져가는 것도 좋다. 어린이의 경우 키가 작으니 방석을 챙겨달라고 하는 것도 잊지 말자. 앞사람이 앉은키가 크면 아이가 관람하기에 몹시 불편하다.

아이의 키가 125cm가 넘으면 방석 제공이 안 되는 경우가 많다. '지킬 앤 하이드'의 경우는 어린이 관객에게 유의사항이 적힌 유인물을 나누어 주었다. 다른 관객들에게 방해되지 않도록 조용히 관람해 줄 것과 공연 중에 권총 소리 효과음이 나니 놀라지 말라는 유의사항이 적혀 있다. 이렇게 하면 굳이 '떠들면 안 돼!'라는 잔소리를 하지 않아도 아이들이 어른들 못지않게 관람 예절을 잘 지킨다.

조금 있으면 공연 시작을 알리는 벨이 울리고 막이 올라간다. 공연이 시작되고, TV에서 본 배우가 미리 들었던 뮤지컬 넘버를 부르거나, 프로그램 북에서 본 장면들이 펼쳐진다. 그러면 아이는 자연스럽게 공연에 집중하게 된다. 가끔 엄마나 아빠에게 자기가 알아낸 것을 이야기하고 싶어 하기도 하지만 보통은 조용히 집중하며 잘 본다. 1막이 끝나고 인터미션을 알리는 방송이 나온다. 아이는 1막에서 본 내용을 신나게 이야기하고, 특수효과나 신기한 장면에 대한 이야기도 한다.

화장실에 다녀오면 2막에 대한 이야기를 나눈다. 그리고 공연 시작 전에 주차정산을 하지 못했다면 이 시간을 이용해 사전 주차정산을 해두는 것이 편하다. 공연장은 공연 관람시간을 고려하여 보통 4~5시간 이용객에 대해 4,000~5,000원의 이용료를 받는데, 공연 시작 전이나 인터미션 시간에 주차정산을 미리 할 수 있다. 공연이 끝나고 주차정산을 하려면 많이 기다려야 하기 때문에 불편하다.

공연이 끝나면 기립박수로 배우들에게 감사를 표한다. 공연에 따라 커튼콜 때 사진촬영을 허락해 주기도 한다. 마케팅 목적으로 입소문을 내기 위해서이다. 커튼콜은 전체 출연진이 나와서 흥겹게 공연을 마무리하기 때문에 좋은 추억거리가 된다. 커튼콜까지 마치고 나면 보통 3시간 정도가 걸린다. 공연의 감동을 간직한 채 집으로 가기 전에 잠깐 MD 부스라고 부르는 기념품 판매대에 들른다. 다양한 기념품이 있지만 예쁘다고 무턱대고 사지 않는 게 좋다. 시간이 지나면 대부분 버릴 물건들이기 때문이다. 우리 가족은 공연이나 전시 등을 관람하고 나면 기념품 중에서 냉장고 자석인 마그넷Magnet을 구매한다. 가격도 싸고 냉장고를 열 때마다 기념품을 보면서 추억이 생각나 좋다.

돌아오는 길에는 인상 깊었던 장면이나 궁금한 부분에 대해 서로 이야기를 나누면 금세 집 주차장에 도착한다. 도착하고 나면 프로그램 북 맨 앞장 또는 뒷장에 티켓을 붙여놓는다. 그러면 나중에 프로그램 북을 찾아보면 언제 어느 공연장에서 보았는지 쉽게 알 수 있다. 그 다음부터 TV 프로그램에서 우리가 본 공연의 뮤지컬 넘버가 들리거나, 출연한 배우가 나오면 자연스럽게 그때의 감동을 이야기하게 된다.

공연 티켓은 가격이 다소 비싼 편이다. 하지만 아이와 공감대를 형성할 수 있고, 문화를 즐긴다는 점을 고려하면 꼭 비싼 것만은 아니다. 여러분도 주말이나 휴일을 이용해 아이들과 온 가족이 공연장으로 나들이를 해보기를 권한다.

# 6

## 공연장 주차
## 꿀팁!

# 주차장만 잘 찾으면,
# 시간 절약! 주차비 절약!!
# 일석이조!!!

연극, 뮤지컬, 콘서트 등 대부분의 공연이 평일에는 보통 오후 8시, 주말 공연은 오후 2시, 7시에 시작한다. 그 시간대는 교통량이 많다 보니 대중교통을 이용하지 않을 경우 주차하려다가 늦는 경우가 많다. 하지만 공연이 끝나고 집으로 돌아가는 시간이 보통 밤 11시 정도가 되기 때문에 승용차를 이용하려는 사람이 많다. 특히 아이와 함께 관람하는 경우에는 더 그렇다. 공연 시작 시간보다 더 여유 있게 일찍 출발해도 주차장 진입하느라 시간을 많이 허비하게 된다. 그리고 공연장은 주차장이 크기 때문에 주차한 다음 공연장까지 이동하는 시간도 많이 걸린다.

서울 주요 공연장의 주차 관련 꿀팁을 정리해 보았다. 다만 공연 시작 시간보다 늦게 도착한다면 꿀팁도 아무 소용없으니 여유롭게 출발하는 게 가장 좋은 방법이다. 앞에서 언급한 바와 같이 공연 시작 시간보다 1시간에서 1시간 30분 정도 전에 도착한다면 느긋한 마음으로 여유 있게 공연을 즐길 수 있어서 좋다.

각 공연장별로 주차장 꿀팁을 살펴보자. 우선 교통지옥이라 불리는 서울 잠실역에 위치한 샤롯데씨어터의 경우를 보자.

2006년 10월에 국내 첫 뮤지컬 전용극장으로 개관하여 많은 팬들로부터 사랑받는 공연장이다. 그러면서 차량의 왕래가 많은 곳에 자리잡고 있는 만큼 늘 교통체증에 시달리는 곳이기도 하다. 지하철을 이용할 경우, 잠실역2. 8호선 3번 출구를 이용하면 된다. 하지만 차량을 이용하면 무사히 주차장 입구까지 도착했다고 하더라도 갈 길이 멀다.

롯데월드, 호텔, 백화점, 마트와 주차장을 같이 사용하기 때문에 주차장도 굉장히 크다. 그래서 주차장에 진입해 주차하기까지에도 많은 시간이 걸린다. 주차장 동선이 복잡해 주차한 다음 공연장까지 걸어가는 데도 시간이 많이 걸린다. 보통 주차장 입구에서 주차하고 공연장까지 오려면 30분 넘게 걸린다. 특히 백화점 세일 기간과 겹치기라도 하면 1시간 넘게 잡아야 한다.

샤롯데씨어터와 가장 가까운 주차장은 H구역호텔, A구역어드벤

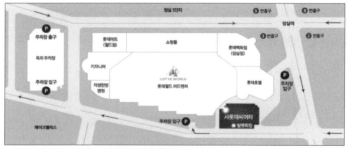

샤롯데씨어터 주차 안내도 (샤롯데씨어터 홈페이지)

아는 척! 하기 딱 좋은 공연 이야기

처, M구역마트, D구역백화점 순
이므로, H구역에 주차하는
것이 이동거리가 가장 짧다.
주차요금은 당일 관객에 한
해 주차 할인권을 구매할 경
우 4시간에 4,000원이다. 주
차 할인권은 공연장 로비 물
품보관소에서 구매할 수 있
다. 주차를 대신해 주는 발

| 롯데콘서트홀과 가까운 주차구역 | |
|---|---|
| 기둥 번호 | |
| 지하 2층 | Q3 |
| 지하 3층 | N4 |
| 지하 4층 | Q3 |
| 지하 5층 | D1 |
| 지하 6층 | D1 |

롯데콘서트홀 인근 주차 구역
(롯데콘서트홀 홈페이지)

레파킹 서비스도 이용할 만하다. 요금은 4시간에 2만 원이며, 극
장 바로 앞에서 이용 가능하다.

발레파킹은 다소 비싸지만 주차에 걸리는 시간을 절약할 수
있고, 공연 끝난 후에도 1층에서 바로 차량을 인수하기 때문에
주차장을 빠져나오는 시간도 절약할 수 있다. 다만 발레파킹을
이용할 수 있는 차량 대수가 한정되어 있기 때문에 만차 시에는
이용하기가 어렵다. 미리 도착해서 이용하거나, 미리 도착하기 어
렵다면 온라인 사전 예약도 할 수 있다. (발레파킹 서비스 온라인 사전 예
약: http://www.charlottetheater.co.kr/m/information/parking.asp,)

2016년 개관한 롯데 콘서트홀은 롯데월드 타워 내 롯데월드
몰 8층에 있어서 샤롯데씨어터 못지않게 주차장이 넓고, 주차
하는 데 시간도 오래 걸린다. 특히 123층의 높은 건물에 아쿠아

리움, 롯데시네마 등이 같이 있어서 이동 동선도 매우 복잡하다. 지하철은 잠실역<sup>2.8호선</sup> 1번 출구와 2번 출구 사이 롯데월드몰 입구를 이용하면 된다. 주차요금은 4시간에 4,800원이며, 공연 티켓의 바코드를 태그해 정산하면 된다. 롯데콘서트홀과 연결된 엘리베이터와 가까운 주차구역에 주차하는 게 좋다. 주의할 점은 각층별로 가까운 구역이 다르다는 것이다. 다른 엘리베이터를 이용하면 5층에서 8층까지 에스컬레이터로 이동해야 하는데, 동선이 복잡하기 때문에 처음 이용하는 사람은 당황하기 쉽다.

예술의 전당은 대한민국 최초의 복합 아트센터로 오페라하우스, 음악당, 미술관, 서예관 등 국내 최대 규모의 종합 예술 시설이다. 1988년 이후 지난 30년간 5,000여만 명이 이용한 우리나라의 대표적인 문화 예술 중심지이다. 서울 지하철 3호선 남부터미널역 5번 출구에서 마을버스로 환승하거나, 걸어서 이동할 경우 10분~15분 정도 걸린다. 차량 이용 시 주차요금은 이용시설에 따라 다른데, 공연 관객은 5시간에 6,000원, 전시 관객은 3시간에 4,000원이며, 주말과 공휴일에는 혼잡 할증으로 1.5배를 내야 한다.

오페라하우스를 이용할 때는 오페라 주차장을 이용하는 게 가깝다. 나갈 때 빠른 출차를 위해 사전정산을 권한다. 주말에는 거의 만차가 되기 때문에 관람 시간보다 일찍 도착하는 것은 필

예술의 전당 주차 안내도 (예술의 전당 홈페이지)

수이다. 참고로 예술의 전당 앞 노상 주차장은 토요일을 제외한 공휴일 06시부터 22시까지 무료이다. 주차공간이 많지는 않지만, 오전 10시쯤 오픈하는 전시 관람을 위해 방문한다면 이용해 볼 만하다.

한남동에 있는 블루스퀘어는 뮤지컬 전문 공연장인 인터파크홀과 다목적 공연장인 아이마켓홀로 구성되어 있다. 6호선 한강진역 2번 출구와 3번 출구 사이의 지하철역 연결통로로 이어져 있다. 공연이 있는 날은 주차장 입구에서부터 길게 줄이 이어져 있고, 공연장 주변 교통이 매우 혼잡하기 때문에 시간이 많이 걸리는 곳이다. 한 시간 전에 도착하면 수월하게 주차할 수 있지만, 주차장이 만차라면 인근의 한강진역 공영주차장을 이용하는 것이 좋다. 블루스퀘어 주차장은 4시간에 5,000원이며, 한강진역 공영주차장은 5분에 250원이다. 주차장이 크지 않기 때문에 공연장과 연결되는 엘리베이터를 쉽게 찾을 수 있다.

충무아트센터는 신당역 인근에 위치하고 있는데, 환승역이다 보니 복잡해서 6호선을 이용할 때는 9번 출구, 2호선 이용 때는 1번 출구를 이용하는 것이 편리하다. 공연장 인근 교통이 복잡하고, 주차장은 주차 가능대수가 181대로 비좁기 때문에 일찍 도착하는 게 제일 안전하다. 주차 요금은 3시간 이용 시 3,000원, 4시간 이용 시 4,000원이며, 지하주차장 만차 때는 인근 100m 거리에 있는 성동 글로벌 경영고등학교 운동장 주차장으로 안내한다. 참고로 공연장 인근에는 맛집골목으로 유명한 신당동 떡볶이 타운이 위치하고 있다. 일찍 도착해 공연장에 주차하고 맛있게 식사한 후 관람하는 것도 좋은 방법이다.

디큐브아트센터는 현대백화점 및 롯데시네마가 입점해 있는 디큐브시티 안에 위치하고 있다. 지하철 신도림역 1. 2호선 1번 출구와 지하도로 연결되어 있다. 이곳 역시 인근 도로가 복잡하고 교통량이 많아서 한 시간 정도 일찍 도착하는 것이 좋다. 디

충무아트센터 주차 안내도

아는 척! 하기 딱 좋은 공연 이야기

디큐브아트센터 주차 안내도

큐브아트센터 지하주차장은 디큐브 아파트와 GS칼텍스 주유소 사이에 있다. 주차한 다음 Area 6번 기둥 쪽에 있는 오피스동 엘리베이터를 이용하면 공연장이 있는 7층까지 바로 연결되며, 공연 관람객의 주차요금은 4시간에 4,000원이다. 그리고 쉐라톤 서울 디큐브 시티 호텔 전용 주차 입구에서 발레파킹 서비스를 이용할 수 도 있고 주차 대행비는 2만 원이다.

LG아트센터는 서울 역삼역에 인접해 있어서 지하철을 이용하면 매우 편하게 도착할 수 있다. 역삼역 주변의 교통체증이 매우 심하기 때문에 차량 이용은 가급적 피하는 것이 좋다. 처음 이용하는 사람은 복잡한 건물구조와 동선 때문에 많이 헷갈린다. GS타워와 LG아트센터는 같은 건물이지만 동선이 분리되어 있기 때문이다. 그림을 참조하면 조금 더 이해하기 쉽다.

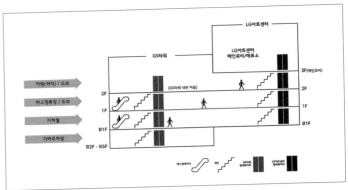

LG아트센터 이동 경로 (LG아트센터 홈페이지)

　지하철을 이용할 경우 역삼역 7번 출구와 연결된 GS타워 지하1층으로 이동해서 엘리베이터를 이용하면 된다. 하지만 역삼역 8번 출구를 통해 지상으로 나온 후 직진해서 첫 번째 코너에서 좌회전하여 LG아트센터 메인 로비로 바로 이동하는 편을 추천한다. 공연 시간이 임박할수록 LG아트센터 전용 엘리베이터도 매우 혼잡하기 때문이다.

　차량을 이용할 때는 GS타워 지하주차장에 주차한 다음 엘리베이터를 이용해 2층에서 내린 후 LG아트센터 전용 엘리베이터를 이용해 3층 로비에서 내리면 된다. 혼잡을 피하려면 2층에서 내린 후 3층까지 계단을 이용하는 편이 좋다. 주차요금은 4시간에 3,000원이며, LG아트센터 메인 로비 주차 정산소를 이용할 수 있다.

—————————— 아는 척! 하기 딱 좋은 공연 이야기

마지막으로 많은 소극장이 자리하고 있는 대학로를 살펴보자. 대학로의 소극장은 대부분 주차시설이 없기 때문에 지하철 4호선 혜화역을 이용하는 게 편리하다. 차량을 이용하는 경우에는 대학로 인근의 주차 정보를 미리 파악해두는 것이 좋다. 내비게이션에 '대학로 주차장'을 검색하면 꽤 많은 주차장을 찾을 수 있다. 다만 요금이 비싸고, 규모가 작아서 거의 빈 자리를 찾기 어렵다는 점이 문제다.

공연 관람이 주된 목적이라면 다음의 두 곳을 추천한다. 우선 한국방송통신대학교의 공공주차장으로 주차요금은 5분당 400원이다. 대학로 문화시설 이용자는 당일 관람권을 제출하면 30% 할인 혜택을 받을 수 있다. 그리고 홍익대아트센터 주차장은 규모가 크고, 이용요금은 기본 30분 2,000원이며, 이후 10분당 1,000원이다. 장점은 홍익대아트센터의 공연뿐만 아니라 대학로의 공연 티켓이나 주변 상가 및 음식점 등의 영수증만 있으면 주차요금을 할인해 준다는 것이다. 홍익대아트센터 지하 3층에 있는 주차 관제실로

대학로 주차 안내도 (홍익대아트센터 홈페이지)

당일 영수증을 보여주면 50% 할인권을 지급해 준다.

　서울에 위치한 공연장 중에서 주차난이 심하다는 곳들의 주차 정보를 살펴보았다. 하지만 무엇보다 중요한 것은 공연 시작 시간보다 여유 있게 도착하는 것이다. 보통 공연 시작 30분 전부터 관람객이 몰리기 때문에 이때 도착하면 제때 관람하기 어렵다. 다른 곳에서 식사 후 공연장으로 이동하는 것보다 공연장에 미리 도착해 주차한 다음 공연장 인근에서 식사하는 것을 추천한다. 그렇게 하는 것이 교통지옥에서 벗어나 보다 즐겁게 관람할 수 있는 현명한 팁이다.

# 7

## 매너가
## 사람을 만든다!

# 킹스맨도 싫어하는 관크-
# 관람을 방해하는(Critical) 관객

'매너가 사람을 만든다.'Manners make the man는 2015년 개봉한 영화 '킹스맨'의 해리 하트콜린 퍼스 분가 던지는 명대사이다. 멋진 슈트와 세련된 액션도 인기 요소였지만, 이 명대사가 아직도 많이 회자되는 것을 보면, 사람들 사이에 '매너'가 필요하다는 공감대가 있어서일지도 모른다. 이와 비슷한 의미로 공연 분야에는 '관크'라는 단어가 있다. '관객 크리티컬'을 줄인 말로 관람을 방해하는Critical 관객이나 행위를 일컫는 신조어이다.

일상생활에서의 예절은 비교적 잘 지키면서도, 공연을 관람할 때는 본의 아니게 다른 관객들에게 민폐를 끼치는 경우가 있다. 그래서 관람 때 지켜야 할 에티켓을 정리해 보았다. 불필요한 규제라고 생각하지 않는 게 좋다. 다른 사람과 함께 라이브 공연을 더 즐겁게 관람하기 위한 예절이니, 알아두면 모두가 더 즐겁게 관람할 수 있다.

### 드레스 코드는 어떻게?

가끔 공연장 관람하러 갈 때 청바지에 운동화 차림도 괜찮으

나는 질문을 받는다. 당연히 괜찮다. 뮤지컬이나 연극 관람할 때 드레스 코드는 특별히 정해진 게 없다. 고전 영화의 한 장면처럼 드레스나 턱시도와 같은 특별한 의상을 갖추지 않아도 된다. 정장을 갖춰 입는 것이 기본 예절이긴 하지만, 간편하면서 다른 사람들에게 불쾌감을 주지 않는 옷차림이면 충분하다. 다만 반바지나 슬리퍼처럼 너무 눈에 띄게 편한 복장은 피하는 편이 좋다. 특히 흰색이나 형광 느낌의 의상은 조명을 받게 되면 자칫 민망한 상황이 생길 수 있으니 피하는 게 좋다.

## 공연장에 최소 30분 전에 도착하고, 10분 전에는 자리에 앉는다

공연장의 티켓 창구에서는 보통 공연 시작 한 시간~한 시간 30분 전부터 티켓을 판매하거나 예매 티켓을 배부한다. 공연 시작 30분 전쯤에 관람객이 많이 몰리는 편이니 한 시간 전쯤 도착해서 티켓을 찾으면 시간을 절약할 수 있다. 가격이 1만 원 안팎인 공연 프로그램 북을 미리 사서 식사하면서 공연에 대한 정보를 살펴보는 것도 좋다.

관람 중에는 이동이 안 되기 때문에 화장실을 미리 다녀온 후 10분 전쯤에는 입장해 자리에 앉으면 된다. '하우스 오픈'이라고 부르는 공연장 오픈은 보통 30분 전에 시작하는데 그 전까지는 배우와 스태프들이 리허설을 준비한다. 공연 시작 전에 보통 공연

의 분위기를 위해 음악이 깔리거나 조명이 어두워진다. 이때부터
는 공연장 밖에서의 일상은 떨쳐버리고 공연에 빠져들도록 하자.

### 늦게 도착하면 어떻게 해야 하나요?

영화관에서는 늦게 도착하더라도 영화가 상영되는 중간에 입
장이 가능하다. 하지만 공연은 시작되고 나면 원칙적으로 입장
이 불가능하다. 공연의 흐름을 방해할 수 있기 때문이다. 공연
시작 시간보다 늦게 도착하면 공연장 안내원인 어셔의 안내에
따라서만 입장이 가능하다. 공연마다 중간에 입장 가능한 시간
이 별도로 있는데, 그때까지 출입문 앞에서 대기하다가 안내를
받아 입장하면 된다. 장면이 전환되는 타이밍이나, 공연의 흐름
을 방해하지 않을 타이밍에 입장할 수 있다.

하지만 구매한 좌석으로 바로 가서 앉는 게 아니라, 출입문에
가까운 뒷좌석에 앉아서 관람하다가 인터미션 시간에 자기 자
리로 찾아갈 수 있다. 공연 도중에 자리를 찾아 이동하면 다른
사람의 관람을 방해하기 때문이다. 그러니 무엇보다도 공연 시
간에 늦지 않게 가는 게 제일 좋다.

### 외투, 꽃다발같이 부피가 큰 물건은
### 물품 보관소에 맡겨두세요

출연하는 배우나 스태프 중에 아는 사람이 있는 경우에는 꽃

다발이나 선물 등을 가져오기도 한다. 그런데 관람 중에 부스럭 거리는 소리를 내면 다른 관객에게 방해되기 때문에 물품 보관소에 맡겨두었다가 공연이 끝난 뒤에 찾아서 선물하는 것이 좋다. 그밖에도 부피가 큰 패딩이나 코트, 쇼핑백처럼 소리가 날 수 있는 물품은 물품 보관소에 맡겨두고 편하게 관람하는 것이 좋다.

## 음식물은 공연장에 가지고 들어갈 수 없어요

영화를 볼 때는 팝콘이나 음료를 먹으면서 관람할 수 있어서 인지 공연장에도 음식물을 가지고 입장하는 분들이 종종 있다. 하지만 음식물은 일체 공연장 안으로 가져갈 수 없다. 최근에는 일부 음식물을 허용하는 공연장도 있다. 뚜껑이 있는 병 음료는 대부분 허용하고 있고, 안에서 아이스크림을 파는 공연장도 있다. 그런 경우에는 음식물을 먹을 때 나는 소리나 냄새가 공연에 방해되지 않도록 각별히 신경써야 한다. 혹시 음식물을 쏟기라도 하면 크게 방해가 되니 조심하도록 한다.

## 휴대폰은 비행기 모드로 전환하거나 전원을 끈다

공연 시작 전에 휴대폰을 꺼달라고 부탁하는 안내방송에도 불구하고 계속 진동으로 하거나 전원을 켜두는 이들이 있다. 공연 중에는 진동 소리도 꽤 크게 들리며, 문자를 확인할 때 들어오는 액정 화면의 불빛은 정말 강렬하게 느껴진다. 특히 바로 뒷

자리의 관객은 그 불빛 때문에 공연에 집중하기가 어렵다. 관람 중에 휴대폰 전원을 꺼두는 것은 반드시 지켜야 할 매너이다.

## 박수는 언제 쳐야 할까요?

클래식 공연에서는 모든 악장이 끝나고 난 뒤에 박수를 친다. 하지만 뮤지컬 관람에는 이러한 룰이 없다. 공연이 시작되면 편안한 마음으로 즐기도록 하자. 작품의 흐름에 방해가 되지 않는 한 언제든 가볍게 박수를 쳐도 된다. 보통 배우의 노래가 끝나면 박수로 환호해 주고, 신나는 노래가 나올 때는 박자에 맞춰 흥을 돋우기도 한다. 배우가 박수를 유도하기도 한다.

노래가 끝난 후 바로 대사로 넘어가거나 빠르게 장면이 전환되는 경우에는 박수를 치지 말고 극에 집중하도록 한다. 작품에 빠져들게 되면 자연스럽게 즐기게 되니 박수를 언제 쳐야 하는지에 대해 굳이 걱정할 필요는 없다.

공연이 끝나고 나면 배우들이 차례로 나와 인사를 한다. 이때 감동을 받은 관객들은 자리에서 일어나 기립박수로 화답한다. 공연의 감동이 크면 무대의 막이 내려간 후에도 관객들의 박수와 환호가 길게 이어진다. 그러면 배우들이 다시 무대로 나오게 되는데 이것을 '커튼콜'curtain call이라고 한다. 커튼콜 때는 작품 중에서 메인 테마 곡을 연주하는데, 이때 관객들은 박수와 환호성으로 공연의 감동을 맘껏 즐기면 된다. 배우가 약간 실수했더라도 박수를 통해 응원의 힘을 불어넣어 주면 더 좋다.

팬클럽이 단체로 와서 관람하는 경우, 특정 배우의 이름을 연호하는 경우가 있는데 그것은 바람직하지 않다. 멋진 작품을 보여 주기 위해 수많은 앙상블 배우, 스태프, 악기 연주자가 혼연일체가 되어 공연하기 때문이다. 특정 배우의 이름만 연호한다면 오히려 그 배우에게 좋지 않은 이미지를 안겨 줄 수도 있을 것이다.

## 창작자의 저작권은 보호해 주세요.
## 사진 촬영은 절대 금물

스마트폰 사용이 일반화되면서 공연장 내에서 사진 촬영하는 경우가 빈번해졌다. 막이 올라가기 전에 인증샷을 찍는 것은 대부분 괜찮다. 하지만 공연이 시작되고 나면 절대로 사진을 찍어서는 안 된다. 공연 내용을 비롯해 무대 세트나 의상, 조명, 음향 디자인 등은 모두 창작자와 제작자에게 그 권리가 있기 때문이다.

이를 무단으로 촬영할 경우에는 공연장 안내원의 제지를 받게 된다. 대신 기념촬영은 로비에 설치된 포토존에서 얼마든지 할 수 있다. 그리고 예외적으로 작품에 따라 커튼콜 공연 때 촬영을 허락하는 경우도 한다. 관객의 자발적인 입소문 마케팅을 뜻하는 바이럴 마케팅Viral Marketing을 유도할 목적으로 그렇게 하는 것이다. 이럴 경우에는 예매 사이트나 공연장에서 사전 안내를 한다.

### 화장실에 갈 때도 티켓 소지는 필수!

뮤지컬은 보통 1막과 2막으로 구성되며, 1막이 끝나고 나면 15분~20분 정도의 인터미션이라고 부르는 휴식시간이 있다. 이 시간에 무대 세트를 변경하기도 하고, 배우들은 휴식을 취한다. 관객들은 이 시간을 이용해 화장실을 다녀오고 잠시 바람을 쐬고 오기도 한다. 중요한 것은 이때 '티켓 소지는 필수!'라는 것이다. 티켓이 없으면 재입장이 안 된다. 참고로 모든 공연이 다 인터미션이 있는 것은 아니다. 작품의 흐름을 유지하기 위해 인터미션 없이 두 시간을 내리 진행하는 공연도 있다.

### 그리고,…

위에서 언급한 것 외에도 즐거운 관람을 위해 관객들이 지켜야 할 사항들이 있다. 관람 중에 옆 사람과 소곤거리거나, 신발을 벗고 관람하는 행위 등은 대표적인 민폐 행동이다. 특히 아이에게 설명해 주는 경우에도 부모의 마음은 이해되나 인터미션 시간이나 종료 후에 설명해 주는 것이 바람직하다. 그리고 자신이 구입한 좌석보다 좋은 등급의 빈자리를 발견했다고 슬쩍 옮겨가서 앉는 사람도 있는데, 그런 얌체 행동은 안내원의 제지를 받는다.

내가 지금까지 경험한 최악의 볼썽사나운 '관크'는 어떤 회사의 연말 단체 관람 행사였다. 공연 관람 전에 같이 식사를 하고 왔는지 그중에 과음을 한 사람도 있었다. 공연 중에 신발 벗고, 문자 확인하고, 전화 받고, 술 냄새 풍기고, 기념품 정리한답시고 부스럭거리기도 했다. 결국 안내원의 제지를 받고 잠잠해지긴 했지만 내가 본 최악의 관객들이었다. 다른 관객들에게 그 회사의 이미지가 굉장히 좋지 않게 남았을 것이다. 혹시라도 이러한 행위가 보이면 인터미션 시간에 공연장 안내원에게 불편사항에 대해 제지해 달라고 요청하면 된다. 필요에 따라 공연장 유보석으로 자리를 바꿔주거나 재관람할 수 있도록 배려해 주기도 한다.

다른 사람과 함께 하는 즐거운 관람이 되기 위해 조금만 더 다른 사람을 배려하는 마음자세가 필요하다. 그렇게 하면 배우들의 열정과 스태프들의 땀방울이 만들어내는 멋진 작품 속에서 모두가 깊은 감동으로 빠져들 수 있게 된다.

# 제 4 장

# 공연은 어떻게
# 만들어질까?

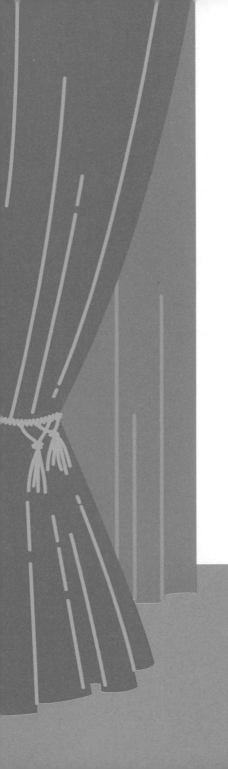

# 1

## 배우가
## 갑자기 아프면
## 어떻게 해요?

# 멀티 플레이어,
# 대역 배우의 세계!

"배우들이 감기에 걸리거나 아프면 어떻게 해요? 공연이 취소되나요?"
"보통은 다른 배우가 대신 공연해요."
"그럼, 모든 배역이 두 명씩 있나요?"
"모두 그런 것은 아니고, 여러 가지 방식으로 운영하고 있어요."

 뮤지컬이나 연극과 같은 공연은 라이브로 진행하기 때문에 특정 배우가 갑작스럽게 출연하지 못할 경우에 대비해 커버cover라고 부르는 대역 배우를 지정한다. 주로 조연이나 앙상블 배우가 맡는다. 언더스터디Understudy, 얼터네이트Alternate, 스윙swing 등으로 불리는 배우들이다. 커버와는 별개로 주연배우를 두 명 더블. Double이나 세 명트리플. Triple, 네 명쿼드러플. Quadruple으로 멀티플 캐스팅Multiple Casting하는 경우도 있다. 이들은 커버와는 다른 목적을 갖는다.

 브로드웨이나 웨스트엔드에서는 주연배우 한 명을 캐스팅하고, 만약을 대비하여 커버를 지정하고 있다. 이에 반해 우리나라에서는 여러 명을 캐스팅하는 공연이 많다. 복합적인 이유가 있

뮤지컬 '드라큘라'(3명)와 '오페라의 유령'(1명) (인터파크 티켓)

겠지만, 투자유치와 스타 마케팅이 주된 목적이다. 우선 스타가 출연함으로써 팬들의 관람을 확보할 수 있다. 그리고, 스타들마다 다양한 성향의 공연을 보여주기 때문에 반복 관람이 이뤄질 수 있다. 그리고 유명 배우일수록 다른 일정이 많기 때문에 출연 일정 조정을 위해서도 멀티플 캐스팅이 필요하다.

그러나 멀티플 캐스팅에 장점만 있는 것은 아니다. 주인공이 여러 명이라 배우마다 연습이 필요하다. 그러나 연습 일정이 넉넉하지 않다 보니 작품의 완성도가 우려되기도 한다. 멀티플 캐스팅의 경우에는 주연배우가 불가피하게 출연이 어려운 상황이 발생하면, 같은 배역의 다른 배우가 출연하는 것이 일반적이다.

아는 척! 하기 딱 좋은 공연 이야기

물론 같은 배역을 맡은 배우들 중에서 일정을 조정해야 한다.

하지만 단일 캐스트 공연일 경우에는 앞에서 언급한 커버로 지정된 배우가 출연한다. 따라서 언더스터디와 얼터네이트를 맡은 배우는 평소에 자신의 배역을 하면서 주연배우의 역할도 같이 준비해야 한다. 처음에는 주연배우로 캐스팅되진 않았지만 갑작스런 기회가 와서 커버로 공연하다가 실력을 인정받아 주연배우로 발탁되는 경우도 있다.

언더스터디를 줄여서 흔히 '언더'라고 표현한다. 말 그대로 '배역을 공부하는 중'이라는 의미이다. 출연 회차가 정해지지 않았기 때문에 무대 뒤에서 기다리다가 돌발 상황이 발생하면 무대에 오른다. 뮤지컬 배우 '홍광호'도 2006년 뮤지컬 '미스 사이공'에서 '크리스' 역의 언더스터디였다. 기량을 인정받아 웨스트엔드에서도 같은 작품에 투이Thuy 역으로 출연하였다. 홍광호는 2015년 제15회 영국 '왓츠 온 스테이지 어워즈'Whats On Stage Awards 남우조연상을 수상했다.

얼터네이트는 보통 '얼터'라고 부른다. 얼터네이트는 언더스터디와 다르게 출연 회차가 고정되어 있다. 다만 일주일 8회 공연 보통 화~금요일 각 1회 / 주말 2회 중에서 2~3회 정도만 출연한다. 2013년에 공연한 뮤지컬 '레미제라블'의 김성민 배우는 장발장 역의 얼터였다. 얼터는 언더스터디와 달리 출연 회차를 보장받기 때문

캐스팅 스케줄
(인터파크 티켓)

에 캐스팅 스케줄표에 기재되어 있다. 그리고 뮤지컬 배우 김소현 역시 2001년 뮤지컬 '오페라의 유령'에서 '크리스틴 다에' 역의 얼터네이트였다. 이후 실력을 인정받아 모든 출연 작품에서 주연을 맡고 있다. 뿐만 아니라 다양한 TV 프로그램에도 출연하며 많은 사랑을 받고 있다.

스윙은 주연배우가 아닌 앙상블의 대역이다. 예를 들어 불가피한 상황이 발생하여 언더스터디를 맡은 배우가 주연으로 출연할 경우, 그 언더스터디가 맡았던 원래 배역의 대역으로 출연한다. 그 외에도 스윙을 맡은 배우는 많은 역할을 소화해낼 수 있어야 한다. 다양한 배역의 대사, 춤, 안무 등을 외우고 있어야 하기 때문에 진정한 멀티 플레이어라고 할 수 있다. 그래서 노련함과 순발력은 필수 요소이다. 공연 프로그램 북을 살펴보면 앙상

아는 척! 하기 딱 좋은 공연 이야기

블 배우 중에서 남녀 한 명 이상씩 스윙을 맡고 있다.

앙상블Ensemble은 '전체적인 어울림이나 통일, 조화'를 뜻하는 프랑스어이다. 뮤지컬에서는 합창과 군무를 담당하는 코러스 배우를 가리킨다. 주연배우만으로 작품을 이끌어 나갈 수는 없다. 앙상블은 주인공이 노래를 부를 때 뒤에서 화음을 넣거나 춤을 추는 등 작품을 멋지게 꾸며 준다. 특히 우리나라 관객이 좋아하는 뮤지컬 '브로드웨이 42번가'에서는 앙상블이 더욱 빛난다. 화려하고 신나는 앙상블의 탭댄스 군무가 있기 때문에 멋진 작품으로 사랑받을 수 있는 것이다.

배역의 크고 작음은 있을 수 있겠지만 그들의 열정은 누구 못지않다. 우리가 알고 있는 수많은 스타 배우들이 앙상블과 대역을 거쳐 주연배우로 거듭났다. 내가 응원하는 배우가 앙상블에서 스타로 거듭나는 과정을 지켜보는 것도 매우 뿌듯한 경험이다. 공연 관람 때 나만의 스타를 응원하는 것도 공연의 재미를 더해 준다.

**2**

# 어? 무대 밑에
# 사람이 있어요!!

## '제2의 배우'
## 오케스트라와 음악감독

"엄마! 저기 무대 밑에도 사람이 있어요!"
"진짜, 무대 밑에 사람이 있네?"

　뮤지컬을 보러 공연장에 가면 가끔 마주하게 되는 광경이다. 보통 공연장의 막이 오르기 전에 잔잔한 음악이 깔린다. 그리고 오케스트라가 라이브로 연주하는 공연의 대부분은 음악감독이 객석을 향해 인사하고 지휘를 시작한다. 막이 오르고, 공연이 시작된다. 음악감독을 알아본 아이들은 부모님께 신기한 듯 이야기한다. 그렇게 1막이 끝나고 인터미션 시간이 되면, 대부분 휴식을 취하러 로비로 나간다. 이때 궁금함을 참지 못한 몇몇 아이들은 객석 앞쪽으로 나와 오케스트라 피트Orchestra pit를 들여다본다. 물론 연주자들도 휴식을 취하러 나가기 때문에 악기와 악보만 덩그러니 놓여 있다. 어린이들만 궁금한 게 아니다. 많은 사람들이 오케스트라 피트를 신기하게 들여다본다. 보통은 안전을 위해 어서가 제지하기 때문에 자세히 들여다볼 수는 없다.

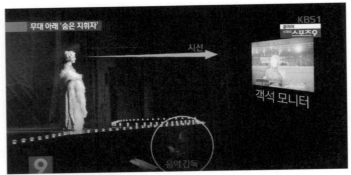

무래 아래 숨은 지휘자 (KBS)

뮤지컬에서 음악이 차지하는 비중은 매우 크다. 대극장에서 공연하는 뮤지컬은 대부분 오케스트라가 라이브로 연주한다. 노래 부분 없이 반주만 녹음된 음원인 MR<sup>Music recorded</sup>을 사용하는 공연도 있다. 라이브로 연주하는 경우에는 무대 아래쪽의 오케스트라 피트 안에서 연주한다. 피트<sup>pit</sup>는 '구덩이'라는 뜻으로 무대 밑에 있는 공간을 말한다. 그래서 관람객에게 오케스트라는 보이지 않고, 음악감독의 뒷머리와 손만 보인다. 무대 밑에서 무대 위 배우들의 연기에 맞추어 공연의 흐름에 따라 지휘하는 것이다.

그렇다면 무대 위 배우들은 음악감독을 볼 수 없는데 어떻게 박자를 맞출까? 가끔 궁금할 때가 있다. 무대 위에서 음악감독을 직접 보기도 하지만, 객석 2층의 난간에 설치된 지휘자 모니

아는 척! 하기 딱 좋은 공연 이야기

지휘자 모니터

지휘자 모니터 (신시컴퍼니 블로그)

터를 통해 음악감독의 지휘를 볼 수 있다. 또한 무대 양쪽에서 대기하고 있는 배우들은 좌우 포켓 무대에 설치된 지휘자 모니터를 통해서 지휘자의 상체와 손을 볼 수 있다. 지휘자 모니터를 통해 지휘하는 모습에 맞춰 연기할 수 있는 것이다.

뮤지컬은 배우와 오케스트라, 음악감독 외에도 많은 스태프들이 호흡을 맞춰야 하기 때문에 지휘자 모니터 외에도 공연장 곳곳에 모니터가 설치되어 있다. 백스테이지를 비롯해 여러 곳에 설치된 모니터를 보며 무대, 음향, 조명, 특수효과 등 모든 스태프가 일사불란하게 움직이는 것이다. 대부분의 관객은 모르기 때문에 공연 시작 전에 지휘자 모니터가 무슨 용도인지 아는 척해 보길 바란다.

숨은 주역, 오케스트라 (YTN)

　공연에 따라 오케스트라의 위치가 바뀌기도 한다. 대부분은 오케스트라 피트에서 연주하지만, 소극장 공연은 피트가 없기 때문에 무대 뒤에서 연주하기도 한다. 작품 중에는 무대 위에서 연주하는 공연도 있다. 예를 들어, 뮤지컬 '시카고'의 경우에는 오케스트라가 무대 중앙에 자리잡고 있고, 지휘자가 대사를 하기도 한다.

　대부분 보이지 않는 곳에서 멋진 작품을 위해 노력하는 숨은 주역들이다. 그래서 '제2의 배우'라고도 한다.

　뮤지컬 음악감독은 오케스트라를 지휘하는 지휘자 역할 뿐만 아니라 뮤지컬 전체의 흐름도 잘 파악해야 한다. 라이브로 진행하는 공연에서는 많은 변수가 일어나기 때문이다. 객석의 분위기가 흥겨울 땐 같이 즐기고, 지루하다 싶을 땐 빠르게 변화시키기도 하면서 소통하는 것이다. 공연이 끝나면 커튼콜이 이어지고, 배우들이 무대에 다시 등장하여 관객에게 인사한다. 이때 배우들이 오케스트라 피트를 향해서 박수를 친다. 멋진 공연을 위해 보이지 않는 곳에서 노력한 동료들이기 때문이다.

공연이 끝나갈 때쯤 객석을 빨리 빠져나오는 관객들이 많다. 그렇게 하지 말고 막이 내려올 때까지 끝까지 남아서 박수로 화답해 주는 관객이 되자.

# 3

# 빛이 주인공을
# 따라다녀요!

# 빛의 마술사!
# 조명 디자이너

"주인공이 움직일 때마다 빛이 따라다녀요!"
"저 뒤에서 누군가 조명을 비추는 것 같은데…"

　　무대 위의 주인공이 움직일 때마다 주인공을 비추는 빛이 따라다닌다. 대부분은 익숙한 장면이라 그냥 지나치지만, 아이들의 눈에는 신기하게 보일 수도 있다. 주인공을 비추는 빛을 따라가 보면, 객석 맨 위층의 꼭대기에서 빛이 나오는 것을 알 수 있다. 흔히 스폿 라이트라고

부르지만, 이 조명기의 진짜 이름은 폴로 스폿Follow spot이다. 자세히 보면 폴로 스폿 오퍼레이터인 조명기사가 조명기를 움직이고 있는 것을 볼 수도 있다.

　　극장 안에는 여러 곳에

폴로 스폿 (saltnlite.com)

조명기가 설치되어 있다. 무대 양옆과 무대 위에도 있고, 무대 바닥에 설치된 조명기도 있다. 집에서는 어두워지면 불을 켜서 밝히지만, 공연장에 설치된 조명은 단순히 어둠을 밝히기 위한 용도가 아니다.

무대조명은 무대장치의 일부로 무대에 빛을 효과적으로 비추는 역할을 한다. 주로 배우들의 연기를 관객들에게 잘 보이게 하기 위해서다. 배우의 의상과 분장을 돋보이게 해서 멀리 떨어진 관객들에게도 잘 보이도록 한다. 단순히 무대 위를 밝혀주는 것이 아니라 작품의 중요한 표현수단인 것이다. 조명을 통해 작품의 주제를 강화하고 분위기를 만들어낸다. 이를 통해 관객은 어떤 이미지를 상상하기도 한다.

예를 들어, 뮤지컬 '지킬 앤 하이드'에서 지킬과 하이드가 서로 대립하는 장면을 상상해 보자. 한 사람의 몸 안에 선과 악을 대변하는 지킬과 하이드가 공존한다. 이 두 인물이 서로 번갈아가며 노래하는 장면은 압권이다. 지킬이 노래할 때는 조명이 밝은 빛을 통해 선한 모습을 보여주는 반면, 하이드가 노래할 때는 어둡고 푸른 빛으로 광기에 가득찬 악인의 모습을 보여준다. 노래가 고조되며 리듬이 빨라지면 조명의 변화도 따라서 빨라진다. 관객들은 순식간에 작품 속으로 빨려 들어간다. 조명을 통해 시각적으로 분위기를 고조시키는 것이다. 그렇기 때문에 작품의 모든 요소들과 결합시켜 조명을 구상하고 디자인하는 조명 디자이너의 역할은 매우 중요하다.

관객들이 신기해하는 장면이 또 있다. 공연 중에 갑자기 조명이 밝아지면 무대에 새로운 세트가 갑자기 나타나는 장면이 있다. 영상이나 작품을 설명하는 자막 등이 보여지다가 갑자기 무대 세트와 배우가 짠~하고 나타난다. 조명을 어둡게 한다고 해도 세트를 설치하는 장면이 보일 텐데 관객들은 도무지 눈치를 챌 수가 없다. 갑자기 나타나기도 하고, 갑자기 사라지기도 한다. 참 신기하다. 이것은 조명과 샤막Shark-Tooth Curtain을 활용한 효과이다. 샤막은 회색 톤의 특수 천으로 제작된 반투명 가림막이다. 샤막 앞쪽에만 조명을 비추면, 막 뒤의 세트나 배우들이 보이지 않는다. 샤막 뒤에 조명을 비추면 비로소 세트나 사람이 뚜렷하

샤막에 투영된 3D 영상 (한국경제)

게 나타나게 되는 것이다.

요즘은 샤막에 고해상도 영상을 투사하는 방법을 사용하여 보다 입체적인 공간감을 살리기도 한다. 앞의 그림처럼 뮤지컬 '몬테 크리스토'에서는 샤막에 3D 영상을 투영하여 무대에 벚꽃 나무를 표현하기도 한다. 이런 식으로 무대의 한계를 극복하고 다양한 효과를 연출할 수 있다. 다만 시종일관 너무 많은 영상을 활용하면 아쉬움이 드는 때도 있다. 아날로그적인 감성이 사라지고, 지나치게 영상을 활용하다 보면 작품 전체가 어두운 분위기에서 진행될 수 있다.

공연의 감동을 전해 주는 데 가장 큰 역할을 하는 게 조명이라고 해도 과언이 아니다. 조명을 통해 가시성뿐만 아니라 작품과 관련된 다양한 내용을 전달한다. 환한 낮시간은 옅은 노랑으로, 어두운 밤은 짙고 검푸른 빛으로 표현하여 시간의 흐름을 전달한다. 조명의 분위기로 배우의 내면 심리를 표현하기도 한다. 따뜻한 계열의 색과 차가운 계열의 색을 활용하여 작품이 전개될 분위기를 암시한다.

이제는 작품을 보다 더 효과적으로 표현하기 위해 다양한 기술이 접목되고 있다. 영화 '사랑과 영혼'이 원작인 뮤지컬 '고스트'의 경우 LED를 활용한다. 가로세로 30cm 크기의 LED판 7,000조각으로 배경을 표현하는 것이다. 남녀 주인공 샘과 몰리의 집이 순식간에 샘의 직장으로 변하기도 하고, 지하철로 바뀌기도 한다. 이렇듯 기술의 발전을 통해 창작자는 본인의 의도한 바를 더 효과적으로 전달하고, 관객은 작품에 더 몰입할 수 있게 되었다. 작품 줄거리 외에 조명을 중심으로 공연을 관람하는 것도 재밌게 즐길 수 있는 Tip이다.

# 4

## 와~ 무대가
## 빙빙 돌면서
## 위아래로
## 움직여요!

## 무대 디자이너는 정말 천재가 아닐까?

"와~ 무대가 빙빙 돌면서 위아래로 움직여요!"
"회전무대라는 거야"
"어떻게 움직이는 거예요?
"엄청 커다란 모터와 리프트로 무대를 움직이는 거야."

주말에 세종문화회관에서 공연하고 있는 뮤지컬 '모차르트'를 관람하고 집으로 돌아오는 차 안에서 뮤지컬 넘버를 들었다. 공연을 보고 돌아오는 길에는 공연에서 들은 음악을 차 안에서 듣는다. 자연스레 우리의 대화는 인상 깊었던 내용으로 이어졌다. 딸아이는 물론, 아내도 그 장면이 인상적이었다고 했다. 회전무대도 신기했겠지만, 배우의 동선이나 작품의 흐름에 맞춰 움직이는 무대가 감동의 깊이를 극대화시켰으리라 생각한다.

뮤지컬 '모차르트' (모차르트 공식 홈페이지)

뮤지컬 '미스 사이공'
(시사인)

뮤지컬 '미스 사이공'의 헬리콥터가 등장하는 장면3D 기술로 표현,
뮤지컬 '오페라의 유령'에서 샹들리에가 떨어지는 장면, 뮤지컬
'레미제라블'에서 자베르가 떨어지는 장면 등은 손꼽히는 명장면
이다. 우리나라의 뮤지컬 '영웅'에서는 기차가 등장하는 순간에
감탄을 불러일으킨다. 만주 벌판을 가로지르는 장면은 분명 영
상이었는데, 어느 순간 실물 크기의 기차가 무대에 나타난다. 공
연에 더욱 몰입하게 만드는 명장면이다. 브로드웨이 공연에서도
극찬을 받았다고 한다.

앞서 언급한 작품과 장면들은 단순히 특이하거나 블록버스터
급의 거대한 장치 때문에 인정받게 된 것이 아니다. 관객에게 이
야기를 잘 전달할 수 있도록 적절하게 무대를 구현한 것이다. 바
로 무대 디자이너의 진가가 빛나는 순간이다. 무대 디자이너가
공연 프로듀서로부터 작품에 참여할 것을 제안받는 단계에서는

아는 척! 하기 딱 좋은 공연 이야기

아무것도 없는 '무'의 상태이다. 보통 대본만이 있을 뿐이다. 경우에 따라서는 간단한 시놉시스만 가지고 시작할 때도 있다. 그런 사정을 알기 때문에 멋진 공연을 보면서 '이 작품의 무대 디자이너는 천재가 아닐까?'라는 생각이 들 정도로 감탄하게 되는 때가 있다.

무대 디자이너는 대본을 바탕으로 작품 속의 시대적 배경이나 사회적 분위기에서부터 건축양식 등 무대와 관련된 자료조사와 연구를 먼저 진행한다. 이때 대본을 무대에 그대로 구현하기 위한 작업을 하는 것이 아니다. 작품이 전달하고자 하는 메시지를 효과적으로 담아내야 하기 때문이다. 무대 위에서 다큐멘터리를 보여주려는 것이 아니기 때문에 무대 디자이너는 연출가, 작가를 비롯한 다른 스태프들과 더불어 수많은 회의를 거쳐 작업을 진행한다. 작품의 배경을 제대로 무대에 재현해 내기 위해 스케치, 도면 작업에서부터 모형 제작에 이르기까지 시각화 작

뮤지컬 '영웅'의 무대 디자인을 위한 스케치(왼쪽)와 실제 장면(오른쪽) (월간 디자인)

업을 수없이 반복하는 경우가 많다.

이런 과정을 거치는 동안 새로운 아이디어가 나오면 대본이 바뀌기도 한다. 때로는 예상치 못한 제작비 지출로 이어지기도 하는데 그래서 프로듀서와의 협의도 필수다. 이러한 협의 과정을 거친다 하더라도 모형을 실제로 제작하는 것 또한 쉽지 않다. 크고 작은 디테일을 수정해야 하고, 무대 위에서 쉽게 작동시키기 위한 변경도 필요하다. 작품의 메시지를 무대 위에 표현하는 과정까지는 창작자의 역량이 필요하다면, 무대 제작은 건축이나 인테리어 역량이 필요한 작업이다.

뮤지컬 '미스 사이공'의 탈출 장면은 관객의 긴장감을 최고조로 끌어올리면서 작품에 몰입하게 만든다. 하지만 이 작품은 1985년 한 잡지에 실린 사진 한 장과 자코모 푸치니의 오페라 '나비부인'이 모티브가 되어 제작하기 시작했다. 공항에서 생이별하는 베트남 여인과 혼혈 소녀의 모습이 담긴 한 장의 사진이었다. 출발점은 사진 한 장이지만 무대 위에서는 헬리콥터 탈출 장면으로 스펙터클하게 그려졌다.

뮤지컬 '미스 사이공'은 실물 크기의 헬리콥터가 무대 위에 등장한다. 당연히 거대한 크기 때문에 공연할 수 있는 극장이 제한되었다. 하지만 기술 발달로 3D 영상으로 구현하게 되면서 보다 많은 극장에서 공연하고 있다. 무대와 최신 기술의 접목이 반드시 좋다고 할 수는 없을 것이다. 오히려 단출한 무대 세트가 작품의 메시지 전달에 적합한 작품도 있다. 그럼에도 불구하고 이러한 변화는 이미 여러 작품에서 적용되고 있다. 좋은 작품들이 많이 공연되고 있으니 공연장에 가서 직접 확인해 볼 것을 추천한다.

# 5

## 어떻게 옷을 저렇게 빨리 갈아입죠?

# 무대의상 어벤져스~!
# 디자이너, 제작팀, 진행팀!

"1막 파티 장면에서 배우들이 엄청 빨리 옷을 갈아입고 나왔어요!"
"맞아, 장면이 바뀌거나 배역이 바뀔 때마다 옷을 갈아입거든."
"그런데 어떻게 그렇게 빨리 갈아입어요?"

    초등학생 딸아이의 꿈은 패션 디자이너다. 짬이 날 때마다 스마트폰이나 연습장에 그림을 그린다. 그래서인지 공연을 볼 때면 배우들의 의상에도 관심이 많다. 뮤지컬 '엘리자벳' 배우들의 의상이 자주 바뀌는 것을 보고 신기해하면서 이렇게 물었던 것이다. 뮤지컬 '엘리자벳'의 의상 수는 370여 벌이나 되니 배우들이 공연 도중에 옷을 많이 갈아입는다. 장면이 바뀌면서 시간과 장소가 달라지면 바뀐 장면에 맞는 의상을 갈아입는다.

    일반 관객들은 공연에 몰입해 있으니 의상이 바뀌는 것을 크게 의식하지 않는 것뿐이다. 영화나 드라마는 각 장면에 맞게 의상을 달리하여 촬영하고 나서 편집하면 된다. 하지만 실시간으로 진행되는 라이브 공연에서는 편집이 있을 수 없다. 그래서 틈

틈이 짧은 시간 안에 의상을 갈아입어야 하는 것이다.

우리가 실생활에서 옷을 갈아입는 시간을 생각해 보자. 갈아입을 옷을 다 정해놓고도 갈아입는 데만 최소한 5분은 소요된다. 그런데 배우들은 의상과 신발, 모자나 가방 같은 소품까지 교체해야 한다. 우아하게 무대 밖으로 사라졌다가 1~2분 사이에 다른 배역으로 바뀌거나 다른 의상을 입고 등장한다. 실제로 갈아입는 시간이 1분 미만인 경우도 많다.

어떻게 해서 그게 가능할까? 더구나 중세 시대의 드레스는 거창하고 엄청 무겁다. 정답은 '퀵 체인지'quick change이다. 배우가 무대 뒤로 퇴장하는 순간, 의상팀, 분장팀, 음향팀이 모두 달려들어 일사불란하게 '퀵 체인지'를 진행한다. 물론 의상 제작 단계에서부터 퀵 체인지를 염두에 두고 디자인한다. 예를 들면, 단추 대

뮤지컬 '엘리자벳'의 한 장면 (엘리자벳 홈페이지)

신 쉽게 붙였다 떼었다 할 수 있는 벨크로velcro를 사용하는 것이다. 또한 빠른 변신을 위해서 리허설 때부터 배우와 손발을 맞추는 연습을 한다. 호흡이 대단히 중요하기 때문이다.

크고 무거운 의상을 갈아입을 때는 특별한 장치를 이용하기도 한다. 예를 들어, 뮤지컬 '빌리 엘리어트'의 '익스프레싱 유어셀프'Expressing yourself에서 등

해당 의상을 입는 배우가 서있는곳

무대의상 교체장치 (신시컴퍼니 블로그)

장하는 의상은 의상을 허공에 매달아 놓았다. 해당 배역을 맡은 배우가 의상 아래쪽에 표시된 'X' 위치에서 대기하면 드레스를 아래로 내린다. 그러면 의상 진행팀이 착용을 마무리할 수 있도록 돕는다. 의상이 크고 무겁기 때문에 혼자서는 입을 수도 없기 때문이다.

뮤지컬은 보통 2~3시간의 정해진 시간 동안 무대라는 제한된 공간에서 라이브로 펼쳐진다. 그래서 뮤지컬, 연극, 오페라 등의

무대의상 디자이너가 구상한 뮤지컬 의상 스케치와 실제 배우가 입은 모습 (동아일보)

무대의상 분야는 실제 공연이 올라가기 전에 의상을 제작하는 제작팀과, 실제 공연 기간 중에 공연장에서 의상과 관련된 모든 일을 담당하는 진행팀으로 나뉜다. 위에서 설명한 퀵 체인지 외에 다림질, 세탁, 수선 등의 업무도 진행팀에서 담당한다.

무대의상 디자인은 어떻게 진행될까? 보통 새로운 작품에 참여해 달라는 의뢰를 받게 되면 대본을 보고 결정하게 된다. 이후에 연출, 제작감독, 무대감독, 의상 디자이너를 포함하여 다른 디자이너들무대, 조명, 음향, 분장, 소품 등과 같이 회의를 하고 디자인의 기본 개념인 콘셉트Concept를 정한다.

작품에 대한 자료조사와 연구과정을 거쳐 의상 스케치를 완성한다. 배우들의 치수를 재고채촌, 採寸, 1차 의상을 제작하여 가봉을 하고, 리허설 기간런-쓰루, 드레스 리허설, 테크니컬 리허설 등 동안 계속 수정작업을 한다. 그렇게 공연이 시작되면 일주일 정도는 공연장에 상주한다. 공연을 진행하면서 수정사항이 발생하면 그때그때 수정해야 하기 때문이다. 대본에서부터 시작해 배역을 잘 표현할 수 있는 의상을 창작해내기 위한 무대의상 제작은 이처럼 길고 힘든 과정을 거친다.

미국으로 이민한 한인 2세인 윌라 김Willa Kim, 한국명 김월라씨는 토니상과 에미상을 각각 2회 수상한 유명 의상 디자이너로 활동했다. 지금은 고인이 된 그녀는 "무대의상 디자이너는 옷을 만들어 보여주는 패션 디자이너와 달리, 존재하는 스토리를 더 구체화시키기 위해 일하는 사람"이라고 했다.

**6**

# 배우들의
# 분장은 왜
# 그렇게 진하죠?

## 캐릭터의 완성은 분장!!!

"배우들의 분장은 왜 그렇게 진해요?"
"아마, 멀리서도 잘 보이게 하려고 그런 것이 아닐까?"
"그 이유만은 아닌 것 같은데요. 악역은 더 진하고, 무섭게 표현한 거 같아요."

　나는 뮤지컬을 보기 전에 프로그램 북을 반드시 살펴보는 편이다. 특히 아이와 같이 볼 때는 줄거리나 배역에 대해 이야기해 줄 때가 많다. 프로그램 북을 살피던 아이의 이런 질문에 살짝 당황했다. 내게는 익숙한 배우들의 분장이 아이의 눈에는 낯설었던 것이다. 생각해 보니 연극, 뮤지컬, 오페라 등에서 배우의 분장은 TV나 영화 속에서보다 꽤 진하다. 특히 이목구비가 뚜렷하게 보이도록 한다. 분장만 봐도 착한 역할인지 악역인지 알 수 있을 정도이다. 배우들의 분장은 왜 그렇게 진한 것일까?

　우리가 일반적인 화장에 익숙해져 있다 보니 배우들의 분장이 진하다고 느끼는 것은 아닐까? 사전의 설명을 보면 화장化粧은 예쁘게 보이도록 꾸미는 것을 뜻한다. 이에 비해 분장扮裝은

뮤지컬 '모차르트' 출연진 (뮤지컬 '모차르트' 홈페이지)

'등장인물의 성격, 나이, 특징 따위에 맞게 배우를 꾸미는 것'이라고 한다. 그렇다면 배역에 맞게 꾸미기 위해서 분장은 무조건 진하게 표현하는 것일까? 그것은 아니다. 분장을 진하게 하는 이유는 무대 위에서 펼쳐지는 예술의 특징과 관련이 있다.

첫째는 무대 위에서 연기하는 배우의 얼굴 표정이 멀리 떨어진 객석에서도 잘 보이게 하기 위함이다. 그렇다고 무조건 진하게만 하는 것은 아니다. 멀리서 봐도 이목구비가 눈에 잘 띄도록 쉐이딩shading과 하이라이터highlighter가 진하게 들어간다. 또한 조명의 각도에 따라 명암이 달라지기 때문에 리허설 때 조명에 비친 배우들의 얼굴을 체크해 명암을 조절한다. 눈의 크기도 객석 어느 곳에 앉느냐에 따라 달라 보여서 분장팀이 직접 객석 앞뒤에 앉아 보고 얼마나 크게 그릴지를 판단한다.

무대 위에서 춤추며 연기하는 배우들은 땀이 많이 날 수밖에 없다. 그렇기 때문에 땀에 잘 지워지지 않도록 분장용 파운데이션과 파우더를 사용한다. 파운데이션을 얇게 여러 겹 덧칠하고 파우더를 충분히 두드려 지속력을 높게 한다. 그러다 보니 자연스레 분장이 진해지는 것이다.

하나의 작품을 만들기 위해서는 여러 분야의 작업이 공동으로 이루어진다. 모든 분야가 중요하겠지만, '분장'을 통해서 작품의 캐릭터를 완성한다고 해도 과언이 아니다. 그래서 단순히 아름다움을 표현하기 위한 화장과는 다른 과정을 거치는 것이다. 분장 디자이너는 대본을 이해하는 것은 물론이고, 작품에 참여하는 배우에 대해서도 잘 알아야 한다. 배우마다 다른 외모와 특성을 가지고 있기 때문이다. 그리고 연습과정을 참관하고 필요한 사항을 개선하는 마무리 손질까지 한다.

예를 들어, 2019년에 공연한 뮤지컬 '시라노'에서 주인공 시라노는 모든 면에서 완벽해 보이는 캐릭터이다. 비정상적으로 큰

얼굴 석고 몰드 본을 뜬 다음 조소 작업에 들어간다. (SFX KOREA)

코가 유일한 약점이다. 이 캐릭터를 표현하기 위해서는 시라노의 큰 코를 만들어서 배우의 얼굴에 부착해야 한다. 실제로 코가 그렇게 큰 뮤지컬 배우를 찾을 수 없을 테니 말이다. 어떻게 할 것인가? 실제 배역을 맡은 배우의 얼굴 석고 몰드 본을 뜨고 조소 작업을 거친다. 그 다음 조소 틀에 특수 재료를 부어 구워내는 것이다. 그 과정에서 분장 디자이너는 여러 시행착오를 거치게 된다. '시라노'를 맡은 배우는 이 코 모형을 붙이고 무대 위에서 연기한다. 그렇기 때문에 공연 중에 코 모형이 떨어지지 않도록 하면서 배우의 호흡도 고려해야 하고, 실제 얼굴의 일부처럼 움직이게 만들어야 하는 것이다.

이처럼 분장이란 '아름다움'만 추구하는 것이 아니라, 그 안의 캐릭터를 구현하는 작업이다. 아이 덕분에 앞으로는 프로그램 북을 살펴볼 때 배우들의 분장에 더 눈길이 갈 것 같다.

아는 척! 하기 딱 좋은 공연 이야기

# 7

## 무대 위
## 큐 사인을 내리는
## 사람은 누구일까?

# 카리스마 넘치는
# 무대감독의 세계

　영화 '김종욱 찾기'에서 임수정이 연기한 배역은 무슨 일을 하는 사람일까? 극 중에서 헤드 마이크를 통해 계속 지시하는 '콜링'Calling을 내리고 있다. "라이트 247번, 플라이<sup>무대 상부 장치</sup> 24번, 대도구, 상하수, 레디~고!" 등을 외친다. 바로 무대를 지휘하는 무대감독이다. 왠지 영화감독이나 방송국 PD와 비슷한 비주얼이다. 하지만 하는 일은 다르다. 또한 무대를 디자인하는 무대 디자이너와도 다른 역할을 담당한다.

영화 '김종욱 찾기' (DAUM 영화)

　무대감독은 공연이 원활하게 이뤄질 수 있도록 무대연출에 필요한 기술적인 부분을 체크한다. 음향, 조명, 의상, 무대장치 등 분야별로 담당하는 감독과 오퍼레이터가 있는데, 이들과 의견을 조율한다. 스태프뿐만 아니라, 배우들의 일정에서부터 연기 방향까지 논의한다. 그리고 무대 위의 안전사고에 대한 점검도 실시한다. 공연이 종료되면 공연과 관련된 물품을 정리, 보관하는 일도 무대감독의 소관이다.

연출가와 비슷한 역할인 듯싶지만 다르다. 연출가는 말 그대로 작품을 연출하는 역할이라면, 무대감독은 공연과 관련된 제반 사항을 준비하고 조율한다. 작품이 만들어지도록 공연 연습이 시작되면, 연습 일정을 조정하고, 연습과 관련된 준비를 한다. 가장 큰 차이점은 공연의 막이 올라가는 순간 연출가는 공연장에 나타나지 않는다는 점이다. 개막 공연 이후부터는 무대감독을 통해 공연이 이루어진다. 가끔 공연 중에 예기치 못한 사고가 발생하여 공연이 중단되는 경우도 있는데, 이때 관객에게 사과 인사를 전하는 사람도 무대감독이다.

그렇기 때문에 뮤지컬이나 콘서트의 경우 무대감독은 악보도 볼 줄 알아야 한다. 미적 감각이나 공간 지각력 등이 필요하며, 무엇보다 무대 종사자들을 총괄하여 지휘할 수 있는 통솔력과 리더십이 있어야 한다. 돌발상황이 발생하면 신속하게 대응할 수 있는 대처능력과 정확한 판단력도 필요하다. 각기 다른 분야의 전문가와 아티스트 등 많은 사람들과 협력해야 하기에 원만한 대인관계와 의사소통 역시 필수 요건이다. 특히 무대 설치하는 셋업 리허설은 늘 시간이 부족하다 보니 스태프들은 예민해지기

SM 데스크 (신시컴퍼니 블로그)

마련이다. 이럴 때 객관적인 입장에서 분야별로 문제점을 이해하고, 협의를 통해 의견 차이를 좁혀나가는 역할도 무대감독의 몫이다.

이렇듯 중요한 임무를 담당하고 있지만, 국내에서 무대감독이란 직책이 자리잡기 시작한 지는 얼마 되지 않는다. 얼마 전까지만 해도 극단에서 배우들이 돌아가면서 맡기도 했다. 그러던 것이 2001년 뮤지컬 '오페라의 유령' 라이센스 공연을 기점으로 많이 바뀌기 시작했다. 이전까지는 무대감독이 무대 셋업과 공연을 진행하는 정도의 역할을 했다면, 이제는 사전 제작을 뜻하는 프리 프로덕션Pre-Production 단계부터 참여하여 공연 전반에 관여하게 된 것이다.

참고로, 조명감독, 음향감독의 경우 영어로는 디렉터(Director)

로 표기하지만, 무대감독은 스테이지 디렉터Stage Director가 아니라 스테이지 매니저Stage Manager로 표기한다. 무대감독은 아티스트가 아니라는 말이다. 무대감독은 다른 스태프나 아티스트의 의견이 작품에 제대로 반영되도록 돕는 사람이다.

공연 중에는 무대감독의 콜링을 통해서만 모든 일이 움직인다. 조명이 켜지고, 무대 세트가 바뀌고, 배우의 등장 등 무대 위에서 일어나는 모든 일은 무대감독의 콜링이 있어야만 가능하다. 그렇기 때문에 공연이 시작되면 무대감독은 주연 배우보다 더 바쁘다. SM 데스크SM Desk는 무대감독이 공연을 지휘하는 곳이다. 여러 개의 모니터와 굉장히 두꺼워 보이는 콜링 스크립트Calling Script가 공연 때 무대감독의 긴장감을 대변해 준다.

뮤지컬 '빌리 엘리어트'의 경우 콜링이 800개라고 한다. 즉, 몇 초, 몇 분 단위로 계속 콜링을 해야 한다. 무대감독이 잠깐만 딴 생각에 빠지면 무대 위의 움직임은 멈추어 버린다. 대형사고가 나는 것이다.

이처럼 무대감독은 겉으로 보기에는 카리스마 넘치는 멋진 모습이지만, 실상은 초긴장 상태의 살얼음판 한가운데에서 홀로 버텨야 하는 사람이다. 공연 시간 내내 모든 큐 사인을 정확하게 맞춰야 한다. 내가 겪어 본 무대감독들 역시 카리스마 넘치는 겉모습보다는 스태프와 배우들을 일일이 챙기는 꼼꼼함과 배려심이 돋보이는 분들이었다.

무대감독은 누가 무엇을 원하는지, 어떻게 구현할 것인지, 주어진 일정 안에서 끝낼 수 있도록 노력한다. 그러한 과정을 통해 완성도 높은 작품이 관객 앞에 선보일 수 있게 되는 것이다. 하지만 돌발상황이 발생하지 않는 한 관객은 무대감독을 만날 일이 없다. 무대 뒤의 숨은 지휘자가 바로 무대감독이다.

# 8

## 수백 개의
## 버튼은 어디에
## 쓰일까?

## 최적의 소리를
## 찾아가는 사람들

"아빠! 저거는 뭐예요? 버튼이 엄청 많이 있어요."
"응 저거는 음향콘솔이라고 하는 거야."
"음악은 알겠는데, 음향은 뭐예요?"

뮤지컬을 보기 위해 객석에 들어가면 의자와 무대 외에 음향 콘솔이 보인다. 셋업 버튼이 엄청 많다 보니 관객들이 신기한 듯 쳐다보며 지나간다. 음향 콘솔은 뮤지컬의 음향을 책임지는 곳이다. 공연이 진행되는 2시간 내내 음향 오퍼레이터는 분주하게 움직인다. 배우들의 대사가 잘 전달되도록 하고, 작품의 흐름에 따라 소리의 크기부터 효과음에 이르기까지 책임져야 할 곳이 한두 곳이 아니라 쉴 새 없이 바쁘다.

나는 이제 공연기획사에 근무하지 않기 때문에 업무를 제외하면 스태프들을 만날 일이 거의 없다. 공연을 보러 가도 제작진이 아니니 스태프나 배우들과 마주치는 일이 거의 없다. 공연을 보러 가서 유일하게 만나게 되는 스태프가 음향 디자이너나 음향 오퍼레이터이다. 공연이 시작되기 전이나 인터미션 시간에 음

향 콘솔 옆을 지나치다가 눈이라도 마주치면 너무 반갑게 맞아준다. 직접 객석 내에서 소리를 확인하면서 작업해야 하기 때문에 같은 공간에 위치하고 있는 것이다. 공연 스태프 중에서 관객과 같은 공간에 있는 유일한 스태프가 바로 이들이다.

음향音響은 사전적인 의미로는 '물체에서 나는 소리와 그 울림'을 뜻한다. 뮤지컬과 같은 공연의 경우에는 '공연장에서 울려 퍼지는 소리'라고 할 수 있다. 공연을 보면서 관객이 인지할 수 있는 소리에는 배우의 대사, 노래, 음악, 효과음 등이 있다. 음향팀은 작품과 배우들이 최대한 돋보일 수 있도록, 이러한 소리들을 새롭게 만들거나 최적화시켜야 하는 역할을 맡고 있다. 음향팀은 보통 음향 콘솔을 조작하는 오퍼레이터, 무선 주파수를 관리하는 RF<sup>radio frequency</sup> 담당 등으로 구성된다.

공연장 백스테이지에 가면 분장 도구, 가발, 의상 외에도 배우들이 착용하는 마이크와 충전 중인 건전지를 볼 수 있다. 공연 전 배우들이 착용하도록 준비해놓는 것이다. 보통 대극장 뮤지컬의 경우, 30~40여 명의 배우가 출연한다. 그렇지만 배우들의 마이크를 모두 켜놓지는 않는다. 대사나 노래를 하는 배우의 마이크만 켜놓는다. 그래야 더 깨끗한 소리를 얻을 수 있기 때문이다. 다만, 배우가 대사를 정해진 시점보다 빨리 시작하면 대사의 앞부분이 잘리게 된다. 그러니 음향팀은 공연시간 내내 긴장할 수밖에 없다. 배우들은 보통 마이크를 2개 이상 착용하고 있다. 만일 마이크에 이상이 발생하면 빨리 교체해야 하기 때문이다.

음향팀은 음향과 관련된 시스템을 원활하게 운영하는 역할뿐만 아니라, 소리를 통해 작품의 완성도를 높이는 창작자의 역할

무선 마이크 착용
(스포츠조선)

도 수행한다. 공연을 보는 관객이 작품에 몰입할 수 있도록 작은 소리 하나까지도 고민하고 챙겨야 하는 것이다. 예를 들어, 전쟁이 난 다음에 사람이 죽은 장면을 한번 떠올려 보자. 무대 위 사람들이 쓰러져 있기만 한 게 아니라 저 멀리서 까마귀 소리가 들려오면 어떨까? 그 소리만으로도 관객들은 전쟁터의 공포와 서늘함을 훨씬 더 크게 느끼게 되는 것이다.

공연 개막 초기에 관객들이 올리는 후기들을 살펴보면 음향에 관해 불만을 제기하는 글을 더러 볼 수 있다. 예를 들면, 음악 소리가 너무 커서 배우의 대사가 잘 안 들렸다거나, 잡음이 들렸다는 내용들이다. 물론 리허설을 통해 최적화된 소리를 구현할 수 있도록 조정하고는 있다. 그렇다 해도 객석이 비어 있는 리허설과 관객으로 가득 찬 실제 공연에서 내는 소리는 다르기 때문에 관객의 귀에 거슬릴 수도 있는 것이다.

공연이 중반으로 접어들수록 음향의 상태는 좋아지는 게 보통이다. 그 공연장에 맞도록 소리를 조정하고, 배우의 성향을 일일이 파악하여 안정된 소리를 구현해 내기 때문이다. 물론 리허설 기간이 길면 사전에 해결할 수 있는 문제들도 많이 있기는 하다. 하지만 그렇게 하려면 제작비가 올라가기 때문에 대부분의 리허설 기간이 굉장히 촉박한 것이 현실이다.

공연을 보다가 가끔 하울링howling이라고 하는 '삐~익' 소리나 잡음이 나더라도, 못마땅한 인상을 쓰기보다는 라이브 공연의 매력이라 생각하고 스태프들을 응원해 주면 어떨까? 음향팀은 작품에 나오는 작은 효과음뿐만 아니라, 스피커 위치 하나까지도 작품에 몰입할 수 있도록 최적의 조건을 찾아내기 위해 항상 노력하고 있으니 말이다. 이와 함께 나는 우리나라 뮤지컬 음향의 기술력은 절대로 브로드웨이나 웨스트엔드에 뒤지지 않는다고 생각한다.

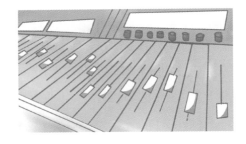

**아는 척! 하기 딱 좋은 공연 이야기**

# 9

## 춤이 저렇게
## 멋있다니!

# 단숨에 의자 위로 뛰어올라, 의자를 밟고 우아하게 내려오는 리복 CF

배우 이종원씨가 30여 년 전에 출연한 리복 CF는 당시 대단한 인기를 모았다. 단숨에 의자 위로 뛰어올랐다가 의자를 밟고 우아하게 내려오는 장면이다. TV 드라마 '응답하라 1988'에서도 재현할 만큼 당시 이 CF는 선풍적인 인기를 끌었다. 우아하면서도 박력 넘치는 모습은 너무나 매력적이었다. 이 CF는 영화 '백야'에서 주인공 미하일 바리시니코프가 연기한 장면을 재연한 것이다. 그렇다면 이렇게 멋진 춤은 누가 만들었을까?

이 춤은 20세기 프랑스를 대표하는 안무가 롤랑 프티<sup>Roland Petit</sup>의 '젊은이와 죽음'이다. 60년 이상 발레를 연출해 온 롤랑 프티가 만든 작품 중에서도 가장 환영받는 작품 중 하나가 바로 이 '젊은이와 죽음'이다. 영화 '백야'의 도입을 장식하는 이 작품을 안무할 당시 롤랑 프티의 나이는 22세였다. 가장 번득이는 천재성을 발휘한 때이기도 하다. 이 스타일리시한 발레는 미술적 감각과 테크니컬한 동작들로 이뤄졌다.

안무<sup>按舞</sup>의 사전적 의미는 '음악에 맞는 춤을 만드는 일. 또는 그것을 가르치는 일'을 뜻한다. 뮤지컬이나 영화 속에서 멋진 춤과 만나게 될 때가 있다. 이러한 작품 속의 춤을 만드는 사람이 안무가이다. 뮤지컬이나 영화 외에도 K-팝 열풍의 주역인 아이돌 그룹의 멋진 춤도 안무가가 창작한다. 작가나 작곡가와 마찬가지로 안무가 역시 창작자인 것이다.

뇌리에 남을 만큼 멋진 춤은 그 작품을 대표하는 이미지로 각인된다. 그렇기 때문에 그 작품을 대표하는 홍보용 포스터에도 자주 등장한다. 2016년에 개봉한 영화 '라라랜드'의 라이언 고슬링과 엠마 스톤이 추는 춤도 그런 경우이다. 단지 멋있기만 하다면 작품을 대표하기는 어렵다. 춤을 통해 작품의 주제를 표현하고, 정서를 대변한다. 이러한 특징은 춤과 노래, 연기가 어우러진 뮤지컬에서는 더 두드러진다.

사진을 보면 어떤 작품이 떠오르는가? 아마도 대부분은 뮤지컬 '빌리 엘리어트', '시카고', '브로드웨이 42번가'를 떠올릴 것이

라라랜드 스틸컷
(네이버 영화)

뮤지컬 속 대표 안무.
'빌리 엘리어트' (위:신시컴퍼니)
'시카고' (가운데:신시컴퍼니)
'브로드웨이 42번가' (플레이DB)

다. 그리고 작품을 본 사람이라면 어떤 장면인지 자연스럽게 떠오를 것이다. 첫 번째 사진에서는 빌리가 자신의 꿈을 향해 달려가고자 하는 간절함을 춤을 통해 표현하는 장면이 눈 앞에 펼쳐진다. 두 번째 사진에서는 벨마가 부르는 '올댓재즈'All That Jazz가 귓가에 맴돌면서 벨마와 앙상블의 관능미 넘치는 춤이 그려진다. 세 번째 사진에서는 화려한 무대와 더불어 신나는 탭댄스 군무를 느낄 수 있다. 특정 장면뿐만 아니라 작품 전체를 관통하는 주제를 표현한다.

뮤지컬 안무가는 멋진 춤을 만들기만 하면 될까? 그렇지 않다. 뮤지컬에서 화려한 군무가 펼쳐질 때 무대 주변을 본 적이 있는가? 관객이 군무에 집중할 때 자연스럽게 장면을 전환하기도 한다. 암전한 상태에서 전환하기도 하지만, 그보다 세련되게 표현하는 방법이다. 즉, 뮤지컬 안무가는 연출, 작곡가 등 다른 영역의 스태프들과 작품의 방향성을 조율해 나가야 한다. 예를 들어,

가사가 늘어나면서 4마디였던 노래가 8마디로 바뀌게 되었다면, 안무 역시 바뀔 수밖에 없다. 또한 배우가 착용한 의상에 맞게 안무를 짜고, 배우들의 특성도 고려해야 한다.

작품 전반에 걸쳐 노래나 연기 못지않게 춤이 중심을 이루는 뮤지컬에는 어떤 작품이 있을까? 프랑스 뮤지컬 '노트르담 드 파리'Notre Dame de Paris를 꼽을 수 있다. 브로드웨이나 웨스트엔드의 뮤지컬은 배우가 동시에 노래와 춤, 연기를 함께 하지만, 프랑스 뮤지컬에서는 가수와 무용수로 구분되어 있어 각각의 전문성이 잘 표현된다. 관객들의 큰 관심을 불러일으켰고, 이후 프랑스 뮤지컬이 국내에 연이어 공연되었다.

뮤지컬Musical은 단어에서도 알 수 있듯이, 음악Music이 중심이 되는 장르이다. 그러면서도 위에서 살펴본 바와 같이 춤도 핵심 요소이다. 음악을 느끼는 것처럼 춤을 통해 표현되는 이야기를 이해한다면, 뮤지컬이 주는 즐거움은 배가 될 것이다.

뮤지컬
'노트르담 드 파리'
(마스트엔터테인먼트)

# 10

## 이 작품의
## 시작은
## 무엇이었을까?

# 한 장의 사진으로부터 시작된 작품도 있다!

뮤지컬이나 연극 같은 공연은 물론이고, 영화나 드라마를 보다가 감탄할 때가 있다. 어쩌면 이렇게 재미있는 이야기를 만들었는지 너무 신기하다. 그렇다면 이런 이야기는 누가 어떻게 만드는 것일까? 바로 극작가가 만든다. 새롭게 이야기를 만들어내는 경우가 많은데, 신문기사를 읽다가 영감을 얻어 만드는 경우도 있다고 한다. 기존의 문학작품을 무대예술에 맞게 각색하는 경우도 있다. 우리가 알고 있는 작품들은 어떻게 시작되었을까?

뮤지컬 '레미제라블'은 빅토르 위고의 문학작품을 무대로 옮긴 것이다. 빅토르 위고가 1845년부터 쓰기 시작하여 1862년 출판하였으니, 장장 17년에 걸쳐 써 내려간 장편소설이다. 이러한 장편소설의 줄거리를 무대라는 한정된 공간 안에서 3시간 미만의 짧은 이야기로 다시 펼쳐낸 것이다. 그렇기 때문에 원작이 아무리 뛰어나다 하더라도 뮤지컬로 각색한다는 것은 새로운 창작만큼이나 힘든 작업이다. 게다가 글로만 표현된 것을 대사와 노래로 표현하는 작업이기 때문에 혼자서 할 수 있는 작업이 아니다. 작곡가, 작사가와 같이 만들어가야 하는 작업이다. 뮤지컬 작

뮤지컬 '오페라의 유령'과 '팬텀' 포스터 (인터파크 티켓)

품의 포스터나 프로그램 북 상단에 보면, 제작사 이름과 함께 극작가와 작곡가의 이름이 제일 먼저 표기되어 있다. 그만큼 극작이 작품의 핵심적인 요소이기 때문일 것이다.

같은 이름의 원작 소설을 바탕으로 다르게 만들어진 작품도 있다. 뮤지컬 '오페라의 유령'과 '팬텀' 모두 세계적인 추리 소설가 가스통 르루Gaston Louis의 '오페라의 유령'에서 출발한 작품이다. 각기 다른 극작가와 작곡가가 만들었기 때문에 원작은 같아도 서로 다른 재미와 감동을 느낄 수 있다. 앤드류 로이드 웨버가 작곡, 해롤드 프린스 극작의 뮤지컬 '오페라의 유령'이 먼저 흥행에 성공했다. 선점 효과를 놓치긴 했으나, 모리 예스톤 작곡,

**아는 척! 하기 딱 좋은 공연 이야기**

뮤지컬 '미스 사이공'의 제작에 영감을 준 사신 (Chicago Tonight)

아서 코핏 극작의 뮤지컬 '팬텀'도 흥행에 성공했다. 한국에서는 두 작품 모두 많은 사랑을 받고 있다.

앞서 소개한 작품들이 유명한 원작을 바탕으로 하였다면, 한 장의 사진으로부터 시작된 작품도 있다. 뮤지컬 '미스 사이공'은 자코모 푸치니의 오페라 '나비부인'과 베트남 전쟁 직후 널리 알려진 한 장의 사진을 모티브로 하여 만든 작품이다. 슬픔이 가득한 채 서 있는 엄마의 모습과 잠시 후 미국으로 떠나야 하는 베트남 소녀의 눈물이 보여주는 생이별의 순간은 너무나 가슴 아픈 장면이다. 그러한 아픔을 무대 위에 그려낸 작품이 '미스 사이공'이다.

이에 반해 주크박스Juke Box 뮤지컬의 창작 과정은 위의 작품들과는 조금 다르다. 주크박스란 동전을 넣고 듣고 싶은 곡을 누르면 자동으로 노래를 들려주는 기계를 말한다. 즉, 주크박스 뮤지컬은 새로 음악을 만들지 않고, 기존의 인기 대중가요를 활용해 만든 뮤지컬을 말한다. 아바ABBA의 음악만으로 만든 뮤지컬 '맘마미아'가 대표적인 작품이다. 이미 대중에게 친숙한 노래의 가사를 바탕으로 스토리가 절묘하게 어우러져 인기를 끌었다. 물론 주크박스 뮤지컬이라고 하더라도 가사를 이야기 속에 억지로 끼워 맞추기에 급급해선 안 된다.

어떤 소재나 원작을 바탕으로 해서 창작하는 부분은 소설가나 시인과 다를 바 없다. 그러나 뮤지컬 극작가의 경우, 뮤지컬 구성에 대한 이해가 바탕이 되어야 관객에게 감동을 전달할 수 있을 것이다. 특히 대사 외에 가사로 표현되는 부분이 많기 때문에 작곡가와의 협업이 필수적이라고 할 수 있다. 그리고 내가 느낀 뮤지컬 극작의 재미있는 점은 작품이 살아 있다고 느낄 때가 많다는 것이다. 연습하는 과정에서 작품의 내용이 바뀌기도 하고, 세월이 지나며 장면이나 대사가 바뀌기도 한다. 그렇기 때문에 극작가 입장에서는 힘들 수가 있겠지만, 관객의 입장에선 같은 작품이라도 다음 공연이 기대될 때가 많다.

# 11

## 뮤지컬은 어떻게
## 만들어질까?

# High Risk, High Return의
# 한가운데 있는 사람들

"아빠! 방글이 PD는 무슨 일을 하는 사람이에요?
"'1박 2일'이라는 프로그램의 연출을 맡고 있는 프로듀서야. 줄여서 PD라고
불러. 1박 2일에 출연하는 멤버들이 언제 어디에 가서, 어떤 게임을 하며, 무
슨 이야기를 할지를 계획하지."

TV 예능 프로그램인 '1박 2일'을 보다가 아이가 PD의 역할에
대해 이렇게 궁금해 했다. 라디오나 TV 등 방송 프로그램을 연
출하는 사람을 PD라고 하는데, 공연 분야에서는 이들을 '연출
가'라 부른다. 공연에서 프로듀서는 제작자를 의미한다. 아이가
이해하기 쉽게 예능 프로그램을 예로 들어 설명해 주었지만, 실
제로 연출의 역할은 그와 비슷하다.

연출가director, program director는 작품을 만드는 것과 관련된 거
의 모든 것을 총괄하는 사람이다. 사전적 의미로는 연극이나 방
송극 등에서 각본을 바탕으로 배우의 연기, 무대장치, 의상, 분
장, 조명, 음악 등 여러 가지 요소를 종합하여 효과적으로 무대
공연을 할 수 있도록 전문적으로 지도하는 사람을 말한다. 연출
가가 작품과 관련된 거의 모든 것을 총괄한다면, 공연 프로듀서

의 역할은 무엇일까?

뮤지컬 제작 관련 스태프는 다양한 분야의 전문가들로 구성된다. 연출, 작곡, 작가, 작사가, 음악감독, 안무, 그리고 무대, 음향, 조명, 의상, 분장, 소품의 디자인, 그리고 기술, 무대, 제작감독까지 많은 사람이 참여한다. 이렇게 많은 스태프가 작품을 만들게 되는 출발점이 바로 프로듀서이다. 그렇다면, 제작의 출발은 어떻게 시작될까? 보통은 프로듀서가 연출가에게 작품을 같이하자고 제안하면서 출발한다. 신뢰가 쌓인 프로듀서와 연출가가 의기투합하여 작품을 같이 만드는 경우도 있다.

연출가가 직접 작품을 선정하여 추진하는 경우도 있지만, 이 경우에는 제작 비용이나 수익 등 예산과 관련된 프로듀서의 역할도 병행해야 한다. 뮤지컬 프로그램 북을 펼쳐보면 보통 스태프 명단의 첫 번째 또는 마지막 줄에 등장한다. 프로듀서는 작곡이나 극작, 연출 등 작품을 직접 창작하지는 않지만, 프로듀서가 없다면 뮤지컬로 제작할 수 없기 때문이다. 그렇다면, 뮤지컬은 어떠한 과정을 통해 제작될까?

보통 뮤지컬은 대본이나 작곡 작업을 먼저 한다. 그 후 연출가를 비롯한 스태프를 섭외하고 오디션을 통해 배우를 캐스팅한다. 그리고 연습을 거쳐 무대에 올리게 된다. 그런데 여기서 빠진 부분이 있다. 스태프들에게 계약금을 지급하고, 연습실과 공연장 대관료도 지급해야 한다. 배우 출연료와 각종 홍보 마케팅 비용도 지급해야 한다. 그래서 바로 제작비를 확보해야 한다. 투자유치를 통해 제작비를 마련해야 하는 것이다.

공연장 대관도 쉽지 않다. 공연장 대관 모집에 참여한 수많은 제작사들과의 경쟁을 뚫어야 하는 것이다. 돈이 많다고 해서 만들 수 있는 것도 아니고, 만든다고 해서 흥행하는 것이 아니다. 즉, 누군가가 높은 위험을 무릅쓰고, 제작 전반에 책임을 져야 하는 것이다. 그 역할을 바로 뮤지컬 제작을 총괄하는 선장인 프로듀서가 맡는다.

우리나라에서 일반적인 뮤지컬 제작과정은 다음과 같다. 먼저 기획 단계이다. 어떤 소재를 작품으로 만들지 고민하고, 크리에이티브 팀Creative Team을 구성하는 단계이다. 아마도 이 단계에서 필요한 것이 작품을 보는 안목일 것이다. 왜 이 작품이어야 하는지, 이 작품을 통해 무엇을 제시할 것인지 등에 대한 판단이 먼저 서야 한다. 작품이 정해지면, 작곡가와 작가, 작사가 등 크리에이티브 팀을 구성한다. 그리고, 안무, 조명, 음향, 의상, 분장, 무대, 소품 등을 함께 만들어 나갈 팀을 꾸리게 된다.

작품을 만든다는 것은 결국 사람들의 의견을 조율하고, 설득하고, 합의를 이끌어내는 과정이다. 그렇기 때문에 원하는 역량을 보유한 스태프로 팀을 구성하는 것이 연출의 가장 중요한 과제라고 할 수 있다. 프로듀서는 공연장을 대관하고, 투자유치를 책임진다. 이때 전체적인 제작비의 윤곽이 드러난다. 제작비 규모가 산정되어야 투자자들에게 수익성을 제시할 수 있다.

우리나라의 공연장은 보통 1년 단위로 대관 심사를 진행하기 때문에 사전에 공연장을 확보하는 것이 반드시 필요하다. 공연장 대관 기간이 바로 공연 기간이 된다. 이 기간이 확정되어야만 스태프나 배우들과 일정 조율을 할 수 있고, 홍보 마케팅 계획도 수립할 수 있게 된다.

그 다음에는 투자를 받아야 하는데, 보통 대극장 뮤지컬의 경우 적게는 몇 10억에서 100억~200억 수준의 제작비가 투입되기 때문에 투자유치는 매우 중요하다. 투자유치를 위한 협상에서는 작품에 대한 흥행성과 작품성 등 다양한 평가가 동원된다. 하지만 이것 못지않게 중요한 것이 바로 프로듀서에 대한 신뢰성이다. 정산과 수익 분배가 정확하게 이루어지는지도 중요하고, 그 프로듀서가 주도했던 작품들의 결과물들도 중요한 기준이 된다.

그 다음은 제작 단계이다. 제작은 크게 사전 제작Pre-Production, 제작Production, 후반 제작Post-Production의 순서로 진행된다. 사전 제작 단계에서는 이 작품을 통해 무엇을 말할 것인가에 대해 고민하고 완성해가는 단계이다. 이 과정에서 충분한 검토와 협의가 진행될수록 작품의 완성도가 높아진다. 그렇기 때문에 극작가, 작곡가, 안무가, 무대, 음향, 조명. 의상 디자이너 등 모든 스태프가 참여하는 회의가 여러 번 반복된다. 서로 의견이 첨예하게 대립할 때도 있고, 일방적으로 설득이 필요할 때도 있다. 이 과정에서 최상의 결과를 이끌어내기 위한 소통과 협의가 연출가의 필수 역량이다.

이와 함께 작품을 개발하고, 배우 오디션도 실시하고, 관련된 계약이 이루어지게 된다. 같이 일할 스태프를 구성하거나 작품을 이끌어 갈 배우를 선정하는 일은 쉽지 않다. 투자자 못지않게 이들도 프로듀서의 역량과 신뢰성을 바탕으로 참여를 결정하기 때문이다. 그렇기 때문에 프로듀서에게는 비전을 제시할 능력이 있어야 하고, 협상을 이끌어낼 수 있는 비즈니스적인 역량도 필요하다.

제작 단계에서는 누구보다도 연출가의 역할이 중요하다. 작품을 다듬고, 연습하는 등의 일은 연출가를 중심으로 진행된다. 같은 작품이라도 누가 연출하느냐에 따라 작품이 180도 다르게 표현된다. 같은 대본과 음악에서 출발하지만 무대 위에서 어떻게 표현할지는 연출가에 따라 달라지는 것이다. 보통 공연 개막일 기준으로 3~4개월 전쯤 오디션을 통해 배우를 선발하고, 본격적인 연습을 시작한다.

사전 제작 단계에서 구상한 바를 연습을 통해서 만들어가는 연습을 하는 것이다. 배우와 연출가, 극작가, 작곡가, 안무가, 디자이너가 만나게 된다. 연출가는 배우와 스태프에게 어떻게 구현할 것인가에 대한 방향을 제시하고 이끌어 간다. 똑같은 이야기라 할지라도, 다양한 방법으로 표현이 가능하기 때문에 가장 적합한 방법을 제시해 주어야 한다. 그렇기 때문에 여러 분야에서 노력해서 내놓는 결과물이 무대 위에서 합쳐졌을 때 어떠한 모습일지를 상상할 수 있어야 한다.

그렇게 치열한 연습 과정이 끝나면 무대의 막이 오르게 된다. 일단 막이 오르면 관객은 배우를 통해 작품과 만나게 된다. 그리고 공연이 시작된 뒤부터는 무대감독의 손에서 작품이 진행된다. 이때부터 연출은 공연장에 상주하지 않는다. 외형적인 모습만 살펴보면 모든 결정권을 가진 최고 권력자로 비칠 수도 있다. 그러나 실제의 모습은 그 작품의 성패를 책임져야 하는 자리이다. 그렇기 때문에 대부분의 연출가는 카리스마 넘치는 모습보다 고뇌하는 모습이 많다.

연출가의 역량과 방향성에 따라 작품은 다양한 모습으로 무대 위에 펼쳐진다. 그렇다 보니 실력이 검증된 연출가의 공연은 인기 스타나 아이돌이 출연하는 공연만큼 인기가 많다. 티켓 판매를 시작하고 10분 내에 매진되는 공연도 많다. 어렵사리 티켓을 구해 공연을 관람했을 때의 쾌감은 정말 짜릿하다. 영화나 드라마에서 '믿고 보는 배우'라는 수식어가 붙을 정도로 인기 있는 배우들도 많다. 마찬가지로 공연 분야에서는 '믿고 보는 연출가'라는 수식어를 가진 연출가가 많다. 웬만한 작품을 관람하셨다면, '믿고 보는 연출가'들의 작품을 감상해 볼 것을 권한다. 이미 우리가 아는 작품이지만 연출가에 따라 전혀 다른 작품으로 변신하게 된다. 그런 차이를 경험할 때 맛보는 짜릿함은 색다른 즐거움으로 다가올 것이다.

이 과정에서 제작비의 증가, 일정 연장, 스태프나 배우의 교체 등 중요한 사안에 대하여 검토해야 할 때 최종 결정권자는 프로듀서이다. 또한 언론홍보나 광고, 마케팅과 관련된 집행시기, 규모 등에 대해서도 신중한 결정이 필요하다. 작품을 잘 만들어도 홍보와 마케팅에 실패하면 흥행을 장담하기 어렵기 때문이다.

공연 오프닝 이후부터 공연이 끝날 때까지가 후반 제작 단계이다. 공연 진행 중에도 여러 가지 돌발 변수가 발생하게 되는데, 이것도 프로듀서가 결정해야 한다. 2020년 초 코로나-19의 감염이 확대되면서 중간에 공연을 중단한 작품도 많았다. 공연의 중단 여부도 프로듀서가 결정한다. 공연을 마치고 나면 정산과 수익 분배가 진행된다. 이 과정에서 투명성이 보장되어야 이후 재공연 또는 다른 작품의 투자로 이어질 수 있다. 흥행 성적이나 공연에 대한 평가를 바탕으로 재공연 여부를 결정하는 것도 프로듀서의 몫이다.

작품 선정, 스태프 구성, 배우 선발, 공연장 대관, 투자유치, 그리고 홍보, 광고, 마케팅, 정산과 수익배분 등 전체적인 과정에 대해 프로듀서가 결정하고 책임을 진다. 얼핏 보기에는 절대 권한을 휘두르는 황제로 보일 수 있다. 그러나 그 이면을 살펴보면 매 순간 중요한 결정을 하고, 누군가를 설득해야 하며, 모든 책임을 져야 하는 자리이다. 그러한 과정을 거쳐 한 편의 작품이 무대에 올라가는 것이다. 그리고 그렇게 했음에도 성공하는 작품은 극히 드물다. 그렇다면 좋은 프로듀서가 되기 위해서는 어떠한 역량을 갖춰야 할까?

당연히 예술적인 감성과 비즈니스 능력, 작품에 대한 안목 등을 갖춰야 할 것이다. 그러나 프로듀서들의 인터뷰를 보면, 첫 번째로 꼽는 것은 공연에 대한 열정과 인내이다. 나는 이것을 '뚝심'이라 표현하고 싶다. 공연을 제작하다 보면 예상치 못한 변수가 너무 많이 발생한다. 공연은 짧아도 1년 전부터 준비를 시작한다. 1년 후에 어떠한 상황이 전개될지 알 수 없는 노릇이기에 무엇보다 열정과 인내가 필요한 것이 아닐까 한다. 자연재해나 질병이 아니더라도, 출연 배우의 스캔들이나 자금 문제로 힘들어하는 공연도 많았다. 여러 사람이 모여서 하는 일이기에 변수가 많이 존재한다.

우리나라의 성공한 프로듀서들의 이야기를 들어보면 대부분 그런 어려운 시기를 이겨내고 버틴 사람들이다. 2002년 월드컵 4강 신화 같이 온 나라가 환호하던 시기에도 공연계는 힘들었다. 거리 응원의 열기가 뜨거웠던 만큼 공연장을 찾는 발길이

뜸했기 때문이다. 그 이후에도 메르스와 신종 플루에 이은 코로나-19까지 공연계는 크고작은 어려움을 겪어 왔다. 프로듀서들은 이런 어려움을 헤쳐나가기 위해 노력한다. 그래서 나는 개인적으로 프로듀서의 자질 중에서 '뚝심'을 제일 중요한 덕목으로 꼽는다. 조금은 미련하게 보일지라도, 굳세게 버텨내는 힘이 있어야만 험난한 풍랑이 몰아치는 바다 위를 헤쳐나갈 수 있기 때문이다.

# 제 5 장

## 팬데믹과 공연 즐기기

1. 코로나 바이러스가 아직 위험한데
   공연을 봐도 될까?
2. 팬데믹이 공연계에 가져올 변화!

# 1

## 코로나 바이러스가 아직 위험한데 공연을 봐도 될까?

# 조금 불편하지만,
# 마스크를 껴도
# 너무나 즐거운 공연 관람!!!

공연 관련 일을 하니 남들보다는 공연을 자주 보는 편이다. 그렇다고 공연 마니아만큼 자주 보지는 못한다. 집은 서울 시내인데 회사가 판교여서 출퇴근 거리가 멀기 때문에 평일에는 공연을 보기가 어렵다. 그래도 주말을 이용해 분기에 한 작품 정도는 꼭 보려고 노력하는 편이다. 새로 공연하는 작품을 보는 것도 아니고, 선호하는 배우의 작품을 보는 것도 아니다. 행사를 앞두고 사전 점검 차원에서 관람하거나, 아내나 아이가 보고 싶다는 작품 위주로 본다. 그러다 코로나-19 팬데믹이 일어나면서 공연 관람을 전혀 하지 못했다.

감염 확산을 방지하기 위해 가족들 모두 집에서 지냈기 때문이다. 아이는 학교에 가는 대신 온라인 학습을 하고, 나는 집에서 재택근무를 3개월 정도 했다. 감염방지를 위한 조치에 어긋나지 않으려고 하다 보니 밀집 공간인 공연장에 가는 것은 엄두도 못 냈다. 그러다 세종문화회관에서 10주년 기념공연 중인 뮤지컬 '모차르트'를 보러 갔다. 뮤지컬 '모차르트'는 초연을 같이 준비해 남다른 애정이 가는 작품이다.

오랜만의 외출이라 아이보다 내가 더 설렜다. 초연 때와 비교해 10주년 공연이 어떻게 바뀌었을지 기대도 되고, 코로나 바이러스 방역이 어떻게 진행되고 있는지도 궁금했다. 언론 보도로는 많이 접했지만, 관객들의 반응도 궁금했다.

뮤지컬의 본 고장이라 불리는 브로드웨이나 웨스트엔드는 이미 공연장을 폐쇄한 상황이었다. 그래서 우리는 공연을 위한 방역 절차가 어떻게 시행되는지도 직접 살펴보고 싶었다. 아이와 함께 가는 것이라 여러모로 조심스러울 수밖에 없었다. 공연을 보러 가는 게 조금 망설이긴 했지만 일단 공연장으로 출발했다.

우선 보통 때와 가장 크게 다른 점은 관객들의 공연장 도착시

세종문화회관 대극장 문진 안내

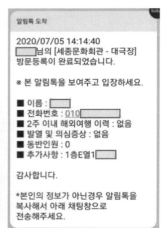

문진 확인 알림톡

아는 척! 하기 딱 좋은 공연 이야기

간이었다. 공연 시작 1시간 전쯤 도착했는데 로비에는 관객들이 많이 있었다. 코로나 이전에는 공연시간 30분 전쯤 관객이 몰렸었는데, 그보다 미리 도착한 관객이 많았다. 체온 측정이나, 문진표를 작성하는 데 걸리는 시간을 고려해서 일찍 온 듯했다. 세종문화회관 출입구는 한 곳만 개방하였다. 로비로 입장하는 관객들의 체온을 확인하여 고열 환자의 입장을 제한하고 있었다.

로비 안으로 들어서니 문진 과정을 안내하는 홍보물이 곳곳에 설치되어 있었다. 공연장 안내원인 어셔는 로비 구석구석으로 문진 안내문을 들고 다니며 QR코드에 익숙하지 않은 사람들을 도와주고 있었다. 공연장 안의 객석 의자 모니터를 통해서도 안내하고 있었다. 휴대폰으로 QR코드를 찍으면 문진 페이지가 뜬다. 거기에 전화번호를 입력하고, 이름, 성별, 좌석번호와 해외 방문 이력, 기침, 발열 증상, 확진자 접촉 여부를 기재하면 된다.

이용약관 등에 동의하고 나면 알림톡 메시지를 받는다. 객석 입장 시에 알림톡 내용과 티켓을 같이 보여줘야 한다. 어셔는 티켓의 좌석번호와 알림톡의 내용을 확인한 후에 입장을 안내해준다. 우리 아이처럼 휴대폰이 없는 사람들은 종이에 인쇄된 문진표에 작성하여 같이 보여주면 된다. 별거 아닐 수 있지만, 이 부분이 관객들을 안심시키는 데 큰 역할을 했다고 본다. 공연 관람 중에 확진자가 발생하더라도, '즉시 내게 연락을 할 수 있을 것'이라는 신뢰가 생긴 것이다. 티켓을 타인으로부터 선물 받거

뮤지컬 '모차르트' 포토존

나 동행한 사람의 경우에는 즉시 연락하기가 어렵기 때문이다.

관람 전에 인터넷 예매처에서 문진표 작성에 관한 안내문을 보았을 때는 번거롭게 느끼는 사람도 있을 법했다. 하지만 로비에서 느껴지는 분위기는 예상과는 달랐다. 위에서 말한 바와 같이 안심하는 분위기가 대부분이었다. 문진을 작성해야 한다고 안내하는 분위기가 아니라, 알아서 QR코드를 찍고 작성하는 분위기였다.

QR코드와 종이 문진표가 곳곳에 비치되어 있어서 혼잡하지 않았다. 그리고 인상적인 점은 로비의 관객들이 모두 마스크를 착용한 상태였다는 사실이다. 특히 포토존에서 인증샷을 남기는 사람들도 마스크를 착용하고 있었다. 코로나 바이러스 감염이 계속되는 한에는 이러한 절차와 분위기는 당연하게 받아들여질 듯하다.

**아는 척! 하기 딱 좋은 공연 이야기**

객석 안에 입장해서 공연을 보는 동안에도 모두 마스크를 착용하고 관람했다. 공연 시작 전에 별도로 안내가 나오기도 했다. 뮤지컬 '모차르트'의 경우 인터미션을 포함해서 공연 시간이 3시간 가까이 되기 때문에 마스크를 계속 쓰고 있으면 답답할 줄 알았다. 하지만 마스크를 쓰고 있다는 생각이 들지 않을 정도로 공연에 몰입하며 즐겼다. 특히 어려운 사정을 반영한 듯 응원 메시지 형식의 커튼콜은 인상적이었다.

커튼콜이 시작되자 관객들은 모두 기립박수를 치며 호응했다. 하지만 마스크를 벗고 크게 함성을 지르는 관객은 없었다. 코로나 바이러스의 여파 때문인지 함성도 조용했다. 그렇지만 객석의 분위기는 뜨거웠다. 오랜만의 가족 나들이이자 공연 관람이었기 때문에 더 즐거웠다. 조금 불편하더라도 지금 이렇게 공연을 즐길 수 있다는 사실에 감사했다. 하루 빨리 코로나-19 팬데믹이 종식되고, 공연계가 활기를 되찾기를 기대한다.

공연장 내외부를 비롯하여 객석의자 등 모든 시설을 주기적으로 소독하고 있었다. 공연장에는 열화상 카메라, 비접촉식 체온계, 손 소독제 비치 등 곳곳에 방역을 위한 준비가 잘 되어 있으니, 크게 염려하지 않고 공연을 즐겨도 될 정도였다. 공연을 볼 때도 마스크는 꼭 착용하는 것을 잊지 말아야 한다.

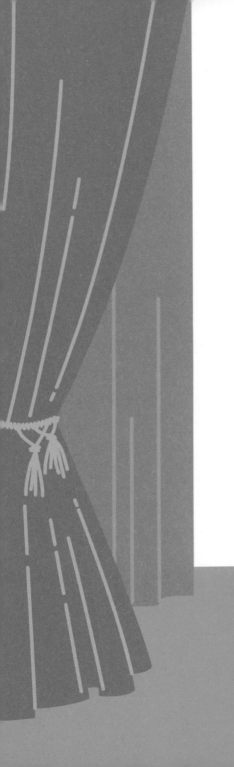

# 2

## 팬데믹이
## 공연계에
## 가져올 변화

# 너무 빠른 속도로 찾아온 변화를 기회로 만들어야 한다!

코로나-19는 아주 빠른 속도로 우리 삶에 많은 변화를 가져왔다. 가장 큰 변화의 축은 '언택트'Untact이다. 감염 확산을 막기 위해 비대면 생활이 일상이 되었다. 해외로의 이동이 어려워졌고, 많은 인원이 모이는 것을 피하게 되었다. 온라인 학습과 재택근무가 보편화되었다. 이러한 변화는 여행, 항공, 숙박 산업에 큰 타격을 입혔고, 사람들이 문화예술을 향유하는 방법도 변화시켰다. 호텔은 캠핑으로, 영화관은 넷플릭스로, 공연장은 스트리밍으로 대체되었다. 앞으로 팬데믹이 종식되더라도 이러한 변화는 쉽게 사라지지 않을 것이라는 게 전문가들의 의견이다.

코로나-19 대유행의 여파로 앞으로 공연예술 분야에는 어떠한 변화가 일어날 것인가? 웨스트엔드와 브로드웨이의 공연장은 2020년 3월부터 공연장을 폐쇄했다. 앤드류 로이드 웨버는 유튜브 채널을 통해 뮤지컬 실황을 스트리밍으로 제공하는 대신 기부 페이지를 마련했다. 이러한 변화는 국내 공연계에도 영향을 미쳤다. 많은 공연이 온라인을 통해 공개되었고, 공연의 영상화 작업이 속도를 내기 시작했다.

사람들은 랜선을 통한 '방구석 관람'에 익숙해져 가고 있다. BTS나 SM엔터테인먼트는 유료 온라인 콘서트를 통해 수익화의 가능성을 확인했다. 코로나를 계기로 공연계에 어떤 변화가 일어나고 있으며, 새로운 기회는 어떤 모습으로 다가올까?

팬덤에 기반한 아이돌 콘서트는 온라인 콘서트의 입장 수익 및 관련 MD상품<sup>굿즈</sup>의 판매 수익 등 온라인을 통한 수익화에 집중하고 있다. 온라인을 통한 언택트 공연은 오프라인 공연장 관객보다 훨씬 많은 온라인 시청자를 확보할 수 있다. 관객의 입장에서는 티켓 가격도 저렴하고 이동시간, 교통비 등이 절약되고, 집에서 편하게 관람 가능하다는 장점이 있다.

그렇지만 제작자 입장에서는 온라인 공연도 공연장 대관, 음향, 조명, 중계 송출 수수료 등 제작 비용이 많이 들어간다. 반면에 티켓 가격은 저렴하기 때문에 글로벌 팬덤이 없는 중소 기획사의 경우에는 수익 구조가 맞지 않아 시도조차 하기 어려운 것이 현실이다. 이런 장애 요소를 해소하기 위해 정부에서 전문 스튜디오를 조성하고, 필요한 사항을 지원할 예정이라고 한다. 이러한 노력을 통해 대중음악의 온라인 공연 방식이 하나의 새로운 축으로 자리잡게 될 것이다.

아이돌 콘서트와 같은 대중음악 이외의 다른 장르의 공연은 어떻게 변화하게 될까? 웨스트엔드와 브로드웨이가 공연장을 전면 폐쇄한 것과는 달리 국내에서는 뮤지컬, 연극 등 일부 공연이

지속되고 있다. 좌석 거리 두기, 공연장 소독, 관람객 QR문진, 마스크 착용 관람 등 철저한 방역을 실시하면서 공연을 계속했다. 하지만, 중소 규모의 공연은 대부분 중단되었다. 뮤지컬이나 연극 등의 손익분기점이 50% 이상이기 때문에 좌석 거리 두기 시행 시 손실이 발생하기 때문이다. 감염을 우려한 관객의 감소가 두드러졌기 때문이기도 하다. 이런 사정으로 국악, 클래식, 무용 등의 공연은 거의 중단되었다.

유료로 온라인 콘서트를 진행하는 대중음악과 달리 대부분의 공연이 온라인을 통한 스트리밍을 무료로 제공하고 있다. 여기에는 복합적인 이유가 있다. 우선 대부분 정부 지원사업에 대한 증빙 또는 기록용으로 촬영한 영상이기 때문에 영상의 질적 수준 향상이 필요하다. 뮤지컬, 연극, 클래식, 무용, 국악 등은 각 장르마다 특성이 있고, 영상 또한 그 자체로서의 특성이 있다. 이러한 각 장르의 특성을 고려하지 않고, 급하게 제작된 영상 콘텐츠는 새로운 대안이 될 수 없다. 아이돌 콘서트의 경우, 증강현실AR이나 가상현실VR 등 최신 기술을 접목하고, 온라인 스트리밍을 고려하여 연출하였다. 오프라인 공연을 단순히 기록하는 것이 아니라, 온라인을 통해서 선사할 수 있는 또 하나의 감동을 만들어 내야 하는 것이다.

유료 판매 때는 창작진, 배우, 스태프 등 참여자와의 금전적인 정산 문제에 대한 사전 협의가 필요한데, 그 과정이 매우 복잡하다. 예를 들어 오프라인 공연에서는 공연 회차를 기준으로 배우, 스태프에 대한 비용을 산정하여 지급했으나, 온라인 공연은 아직 기준이 없기 때문이다. 한 번 촬영된 공연이 반복적으로 온라인에 노출될 경우 책정 기준이 명확하지 않은 것이다. 국내뿐만 아니라, 해외에서도 이러한 문제에 대한 논의가 활발하게 진행되고 있다. 대부분의 공연은 홍보를 목적으로 무상으로 제공되고 있다.

그럼에도 불구하고, 이러한 난관을 헤치고 2020년 10월 초 국내에서도 뮤지컬 '모차르트'의 유료 온라인 상영이 성황리에 진행되었다. 생생한 현장감을 살리기 위해 총 9대의 풀 HD 카메라를 동원해 촬영을 진행했다. 위기에 맞서 새로운 시장에 대한 가능성을 확인하기 위한 다각적인 시도가 이루어지고 있는 것이다. 세계적으로도 무대 공연의 영상화는 새로운 장르로 인식되고 있는 듯하다. 오프라인 무대에서의 뮤지컬이나 연극과도 다르고, 영화와도 다르기에 넷플릭스와 같은 OTT<sup>Over The Top</sup> 업체에서도 높은 관심을 갖고 있다.

위기가 곧 기회라는 말처럼 팬데믹으로 인한 위기에 슬기롭게 대처하면서 새로운 기회를 모색하는 것이 필요하다. 코로나-19가 종식된 이후에도 온라인을 통한 유료 공연은 점차 확대될 것으로 예상된다. 팬데믹으로 인해 그 변화의 속도가 더욱 빨라졌을 뿐이다. 오프라인 공연을 단순히 온라인으로 대체하는 것이 아니다. 새로운 기술과 연출 기법이 접목될 것이며, 전문적인 시각 연출자Visual Director의 수요가 급증할 것이다.

또한 유투브에 의존했던 영상 플랫폼은 유료 온라인 공연에 적합하게 다양한 플랫폼으로 진화해 나갈 것이다. 라이브로 생생하게 즐기는 감동과 더불어 내가 원하는 시간에 편안한 장소에서 좋아하는 배우의 땀방울까지 세밀하게 감상할 수 있는 새로운 기회가 다가올 것이다.

## \<에필로그\> 이제 즐겨 보자!

---

즐기는 수준을 넘어 마니아가 되어볼까?
공연에도 시즌제가 있다!
공연장 의자에 멋진 문구를 남겨볼까?

남경주, 남경읍, 최정원씨가 열연한 뮤지컬 '사랑은 비를 타고'
라는 작품이 내 인생에서 처음 관람한 뮤지컬이다. 1995년 초연
이후, 20년 넘게 사랑 받고 있는 인기 작품이다. 그때의 감동과
충격은 너무나 컸다. 매력적인 배우들의 춤과 노래, 연기는 나를
사로잡았다. 내가 문화예술로 진로를 바꾼 계기다. 명품 연기를
선보인 배우들도 좋았지만 공연이라는 그 자체가 좋았다.

관객들이 공연의 일부처럼 자연스럽게 동화되는 분위기가 너
무 좋았다. 공연의 완성은 '관객'이라는 말을 실감하였다. 매일 계
속되는 공연이라 할지라도 매일매일의 공연이 다르다. 아마도 공

'사랑은 비를 타고'
초연 캐스트
(더 뮤지컬)

연을 즐기는 관객이 많을수록, 최고의 공연으로 다가올 것이다.

그렇다면, 이제는 공연 마니아Mania가 되어 제대로 즐겨볼까? 마니아가 되기 위한 특별한 조건이 있는 것은 아니다. 마니아의 사전적 의미는 '어떤 한 가지 일에 열중하는 것, 또는 그런 사람'을 말한다. 좋아하는 공연을 반복하여 보거나 팬클럽에 가입하는 등 다양한 방법이 있다. 아직 대부분 낯설어하지만, 시즌제 티켓을 구매하거나 객석 기부를 하는 방법도 있다.

공연 시즌제란 공연장이나 공연 단체에서 1~2년 간의 공연 일정을 사전에 공개하는 방식을 말한다. 이러한 시즌제를 통해 관객은 미리 보고 싶은 공연을 찾아보고 관람 계획을 세울 수 있다. 또한 시즌권이라고 하는 패키지 티켓을 이용하면 좋은 좌석을 싸게 예매할 수 있어서 매우 편리하다. 140여 년 전 세계 최

LG아트센터 20년 기획공연
(LG아트센터 홈페이지)

초로 뉴욕 메트로폴리탄 오페라 하우스를 시작으로 미국과 유럽 국가에서 공연 시즌제가 운영되고 있다.

국내에서는 LG아트센터가 2000년 개관과 함께 처음으로 시즌제를 도입했다. 지금은 예술의 전당, 세종문화회관, 국립극장 등 서울 주요 공연장과 공연 단체들로 확대되어 시행되고 있다. 안정적인 기획력과 탄탄한 관객층이 확보되어야 가능하기 때문에 아직 지방에서는 시행이 쉽지 않았다. 그러다 2014년 대전 예술의 전당에 이어 김해 문화의 전당, 부산 문화회관이 도입했고, 2020년에는 경기도 문화의 전당이 시작했다.

공연장이나 공연 관계자 입장에서는 특정 주제를 담아 일관성 있는 프로그램을 구성하고 정해진 일정에 따라 준비할 수 있기 때문에 공연의 질을 높일 수 있다. 또한 사전 예매가 활성화되면 안정적인 고객 확보가 가능하다. 안정적인 고객이 확보되면 불특정 다수를 대상으로 하는 불필요한 마케팅 비용을 절감할

**아는 척! 하기 딱 좋은 공연 이야기**

수 있다. 이렇게 얻은 비용 절감과 수익 증대는 다시 공연 제작에 투자된다. 그렇게 해서 수준 높은 공연이 더 많이 제작되고, 관객이 확대되는 선순환이 이루어질 수 있게 된다. 무엇보다 공연장, 공연 단체와 관객 사이에 유대감이 형성된다는 장점을 누릴 수 있다.

객석에 앉아 막이 오르길 기다리다 보면 자연스레 앞 좌석 등받이에 눈길이 간다. 보통은 좌석번호가 붙어 있거나, 작은 홍보용 모니터가 설치되어 있다. 하지만 이와는 다르게 기부 명패가 붙어 있는 곳도 있다. 객석 기부는 공연장 좌석에 기부자의 이름과 메시지를 담은 명패를 일정 기간 동안 부착하는 방식의 기부를 말한다. 공연장에 따라, 그리고 객석 위치에 따라 기부액은 다양하다. 콘서트홀 1층 좌석 하나에 500만 원이며, 오페라극장 4층 좌석은 50만 원이다. 해당 기부액은 공연 제작이나 시설 개선 비용으로 사용된다.

MBC 인기 예능 프로그램인 '놀면 뭐하니'의 진행자인 유재석 씨가 예술의 전당에서 하프를 연주했다. 그리고 본인 명의로 예술의 전당 객석 기부에 참여했다. 가수 정동하씨의 팬클럽 '동하연가'도 가수의 생일을 맞아 객석 기부에 동참했다. 이처럼 객석 기부자 명단을 살펴보면 기업이나 유명인보다 일반인의 참여가 훨씬 많은 게 눈에 띈다.

'동하연가' 예술의 전당
객석 기부 명패(스포츠경향)

    기부자의 이름 외에 메시지도 남길 수 있는데, 결혼 기념, 첫 월급 기념 등 다양한 사연들이 많다. 공연장 객석에 자신의 이름과 스토리를 남길 수 있는 것은 객석 기부의 또 다른 매력이라고 할 수 있다. 명패 외에 예술의 전당 홈페이지와 월간지 및 기획공연 프로그램 북에도 기부자 이름을 기재해 준다.

    예술의 전당 외에 각 공연장마다 다양한 방식으로 기부를 할 수 있다. 주로 방문하는 공연장의 시즌제 티켓을 구매하거나, 예술을 사랑하는 마음을 담아서 나만의 특별석을 만들어 보는 것은 어떨까? 이를 통해 예술을 사랑하는 마음을 표현함과 동시에 공연의 발전에 직접 기여할 수 있게 되는 것이다.